中华人民共和国个人信息保护法

注释本

法律出版社法规中心　编

法律出版社
LAW PRESS CHINA
·北　京·

图书在版编目(CIP)数据

中华人民共和国个人信息保护法注释本 / 法律出版社法规中心编. -- 北京 : 法律出版社, 2022
(法律单行本注释本系列)
ISBN 978-7-5197-6337-4

Ⅰ. ①中… Ⅱ. ①法… Ⅲ. ①个人信息-法律保护-法律解释-中国 Ⅳ. ①D923.75

中国版本图书馆 CIP 数据核字(2022)第 007620 号

中华人民共和国个人信息保护法注释本
ZHONGHUA RENMIN GONGHEGUO GEREN XINXI BAOHUFA ZHUSHIBEN

法律出版社法规中心 编

责任编辑 翁潇潇
装帧设计 李 瞻

出版发行 法律出版社
编辑统筹 法规出版分社
责任校对 张红蕊
责任印制 耿润瑜
经　　销 新华书店

开本 850 毫米×1168 毫米 1/32
印张 6.375 **字数** 130 千
版本 2022 年 12 月第 1 版
印次 2022 年 12 月第 1 次印刷
印刷 三河市龙大印装有限公司

地址:北京市丰台区莲花池西里 7 号(100073)
网址:www.lawpress.com.cn
投稿邮箱:info@lawpress.com.cn
举报盗版邮箱:jbwq@lawpress.com.cn
销售电话:010-83938349
客服电话:010-83938350
咨询电话:010-63939796

书号:ISBN 978-7-5197-6337-4
定价:22.00 元
凡购买本社图书,如有印装错误,我社负责退换。电话:010-83938349

编辑出版说明

现代社会是法治社会，社会发展离不开法治护航，百姓福祉少不了法律保障。遇到问题依法解决，已经成为人们处理矛盾、解决纠纷的不二之选。然而，面对纷繁复杂的法律问题，如何精准、高效地找到法律依据，如何完整、准确地理解和运用法律，日益成为人们“学法、用法”的关键所在。

为了帮助读者快速准确地掌握“学法、用法”的本领，我社开创性地推出了“法律单行本注释本系列”丛书，至今已十余年。本丛书历经多次修订完善，现已出版近百个品种，涵盖了社会生活的重要领域，已经成为广大读者学习法律、应用法律之必选图书。

本丛书具有以下特点：

1. 出版机构权威。成立于1954年的法律出版社，是全国首家法律专业出版机构，始终秉承“为人民传播法律”的宗旨，完整记录了中国法治建设发展的全过程，享有“社会科学类全国一级出版社”等荣誉称号，入选“全国百佳图书出版单位”。

2. 编写人员专业。本丛书皆由相关法律领域内的专业人士编写，并引入匿名审稿评估制度，确保图书内容始终紧跟法治进程，反映最新立法动态，体现条文本义内涵。

3. 法律文本标准。作为专业的法律出版机构，多年来，我社始终使用全国人民代表大会常务委员会公报刊登的法律文本，积淀了丰富的标准法律文本资源，并根据立法进度及时更新相关内容。

4. 条文注释精准。本丛书以立法机关的解读为蓝本，对每个条文提炼出条文主旨，并对重点条文进行注释，使读者能精准掌握立法意图，轻松理解条文内容。

5. 关联规定全面。本丛书收录与法条关联的法律法规，帮助读者快速构建立体化知识体系。

6. 配套附录实用。书末“附录”部分收录的均为重要的相关法律法规，使读者在使用中更为便捷，使全书更为实用。

需要说明的是，本丛书中的“条文主旨”“条文注释”等内容皆是编者为方便读者阅读、理解而编写，不同于国家正式通过、颁布的法律文本，不具有法律效力。本丛书不足之处，恳请读者批评指正。

我们用心打磨本丛书，以期待为法律相关专业的学生释法解疑，致力于为每个公民的合法权益撑起法律的保护伞。

法律出版社法规中心

2022年12月

目　录

附　　录

《中华人民共和国个人信息保护法》适用提要

在信息化时代，个人信息保护已成为广大人民群众最关心、最直接、最现实的利益问题之一。党中央对此高度重视，习近平总书记强调，国家网络安全工作要坚持网络安全为人民、网络安全靠人民，保障个人信息安全，维护公民在网络空间的合法权益。全国人大常委会贯彻落实党中央部署要求，及时回应广大人民群众的呼声和期待，积极推进个人信息保护立法工作。2021 年 8 月 20 日，第十三届全国人大常委会第三十次会议表决通过了《个人信息保护法》[①]，于 2021 年 11 月 1 日起施行。本法坚持贯彻以人民为中心的法治理念，牢牢坚持保护人民群众个人信息权益的立法定位，聚焦个人信息保护领域的突出问题和人民群众的重大关切，在有关法律的基础上，进一步细化、完善个人信息保护应遵循的原则和个人信息处理规则，明确个人信息处理活动中的权利义务边界，健全个人信息保护工作体制机制，切实将广大人民群众网络空间合法权益维

---

① 为方便读者阅读，本书中法律法规名称均使用简称。

护好、保障好、发展好，努力使广大人民群众在数字经济发展中享受更多的获得感、幸福感、安全感。

本法共8章74条。主要内容包括：

1. 确立个人信息保护原则

个人信息保护的原则是收集、使用个人信息的基本遵循，是构建个人信息保护具体规则的制度基础。本法强调处理个人信息应当遵循合法、正当、必要和诚信原则，具有明确、合理的目的，并与处理目的直接相关，采取对个人权益影响最小的方式，限于实现处理目的的最小范围，进行公开处理，保证信息质量，采取安全保护措施等。这些原则应当贯穿于个人信息处理的全过程、各环节。

2. 构建以"告知—同意"为核心的个人信息处理规则

"告知—同意"是本法确立的个人信息保护核心规则，是保障个人对其个人信息处理的知情权和决定权的重要手段。本法要求，处理个人信息应当在事先充分告知的前提下取得个人同意；个人信息处理的重要事项发生变更的，应当重新向个人告知并取得个人同意。同时，针对现实生活中社会反映强烈的"一揽子"授权、强制同意等问题，本法特别要求：个人信息处理者在处理敏感个人信息、向他人提供或公开个人信息、跨境转移个人信息等环节应取得个人的单独同意；明确个人信息处理者不得过度收集个人信息，不得以个人不同意为由拒绝提供产品或者服务；赋予个人撤回同意的权利，在个人撤回同意后，个人信息处理者应当停止处理或及时删除其个人信息。此外，考虑到经济社会生活的复杂性，个人信息处理的场景日益多样，本法还对取得个人同意以外可以合法处理个人信息的特定情形作了规定。同时，本法对共同处理、委托处理等实践中较为常见的处理情形作出了有针对性的规定。

3. 规范自动化决策

当前，越来越多的企业利用大数据，分析、评估消费者的个人特征，用于商业营销。这有利于提高经济活动的效率，提升消费者的消费体验。同时，也有一些企业通过掌握消费者的经济状况、消费习惯、对价格的敏感程度等信息，对消费者在交易价格等方面实行歧视性的差别待遇，误导、欺诈消费者，其中最典型的就是社会反映突出的“大数据杀熟”。对此，本法明确规定，个人信息处理者利用个人信息进行自动化决策，应当保证决策的透明度和结果公平、公正，不得对个人在交易价格等交易条件上实行不合理的差别待遇。

4. 严格保护敏感个人信息

本法将生物识别、宗教信仰、特定身份、医疗健康、金融账户、行踪轨迹等信息，以及不满 14 周岁未成年人的个人信息列为敏感个人信息。对此，本法要求，只有在具有特定的目的和充分的必要性，并采取严格保护措施的情形下，才可处理敏感个人信息；同时应当在事前进行影响评估，并向个人告知处理的必要性以及对个人权益的影响。

5. 规范国家机关处理个人信息的活动

为履行维护国家安全、惩治犯罪、管理经济社会事务等职责，国家机关需要处理大量个人信息。与其他个人信息处理者一样，保护个人信息权益、保障个人信息安全是国家机关应尽的义务和责任。对此,本法对国家机关处理个人信息的活动作出专门规定,特别强调国家机关处理个人信息的活动适用本法:国家机关处理个人信息应遵循本法规定的个人信息保护的基本原则、处理规则;除本法和有关法律另有规定不需要告知、不需要取得同意之外,也应当向个人告知、取得个人同意;处理个人信息应当依照法律、行政法规规定的权限和程序进行,不得超出履行法定职责所必需的范围和限度。

6. 赋予个人充分的权利

本法将个人在个人信息处理活动中的各项权利,包括知悉个人信息处理规则和处理事项、同意和撤回同意,以及个人信息的查询、复制、更正、删除等总结提升为知情权、决定权,明确个人有权限制或拒绝他人对其个人信息的处理。同时,为了适应互联网应用和服务多样化的实际,满足日益增长的跨平台转移个人信息的需求,本法对个人信息可携带权作了原则规定,要求在符合国家网信部门规定条件的情形下,个人信息处理者应当为个人提供转移其个人信息的途径。

此外,本法还对死者个人信息的保护作了专门规定,明确在尊重死者生前安排的前提下,其近亲属为了自身的合法、正当利益,可以对死者的相关个人信息行使查阅、复制、更正、删除等权利。

7. 强化个人信息处理者的义务

个人信息处理者是个人信息保护的第一责任人。本法强调,个人信息处理者应当对其个人信息处理活动负责,并采取必要措施保障所处理的个人信息的安全。因此,本法设专章明确了个人信息处理者的合规管理和保障个人信息安全等义务，要求个人信息处理者按照规定制定内部管理制度和操作规程，采取相应的安全技术措施，指定负责人对其个人信息处理活动进行监督，定期对其个人信息活动进行合规审计，对处理敏感个人信息、利用个人信息进行自动化决策、对外提供或公开个人信息等高风险处理活动进行事前影响评估，履行个人信息泄露补救和通知义务等。

8. 赋予大型网络平台个人信息保护特别义务

互联网平台服务是数字经济区别于传统经济的显著特征。互联网平台为商品和服务的交易提供技术支持、交易场所、信息发布和交易撮合等服务。在个人信息处理方面，互联网平台为平台内经营者处理个人信息提供基础技术服务、设定基本处理规则，是个人信息保护的关键环节。提供重要互联网平台服务、用户数量巨大、业务类型复杂的个人信息处理者对平台内的交易和个人信息处理活动具有强大的控制力和支配力，因此在个人信息保护方面应当承担更多的法律义务。据此，本法对这些大型互联网平台设定了特别的个人信息保护义务：按照国家规定建立健全个人信息保护合规制度体系，成立主要由外部成员组成的独立机构对个人信息保护情况进行监督；遵循公开、公平、公正的原则，制定平台规则；对严重违法处理个人信息的平台内产品或者服务提供者，停止提供服务；定期发布个人信息保护社会责任报告，接受社会监督。

9. 规范个人信息跨境流动

随着经济全球化、数字化的不断推进以及我国对外开放的不断扩大，个人信息的跨境流动日益频繁。本法构建了一套清晰、系统的个人信息跨境流动规则，以满足保障个人信息权益的客观要求，适应国际经贸往来的现实需要。(1)以向境内自然人提供产品或者服务为目的，或者分析、评估境内自然人的行为等，在我国境外处理境内自然人个人信息的活动适用本法；符合上述情形的境外个人信息处理者在我国境内应设立专门机构或者指定代表，负责处理个人信息保护相关事务。(2)向境外提供个人信息的，应当具备下列条件之一：通过国家网信部门组织的安全评估，经专业机构认证，订立标准合同等。我国缔结或参加的国际条约和协定有规定的，可按其规定执行。(3)个人信息处理者应采取必要措施保障境外接收方的处理活动达到本法规定的个人信息保护标准。(4)跨境提供个人信息的，应切实保障个人的知情权、决定权等权利。(5)为维护国家主权、安全和发展利益，对跨境提供个人信息的安全评估、向境外司法或执法机构提供个人信息、限制跨境提供个人信息的措施、对外国歧视性措施的反制等作了规定。

10. 健全个人信息保护工作机制

个人信息保护涉及的领域广，相关制度措施的落实有赖于完善的监管执法机制。根据个人信息保护工作实际，本法明确国家网信部门和国务院有关部门在各自职责范围内负责个人信息保护和监督管理工作，同时对个人信息保护和监管职责作出规定，包括开展个人信息保护宣传教育，指导监督个人信息处理者开展个人信息保护工作，接受处理相关投诉举报，组织对应用程序等进行测评，调查处理违法个人信息处理活动等。

为了加强个人信息保护监管执法的协同配合，本法还进一步明确了国家网信部门在个人信息保护监管方面的统筹协调职责。

11. 加大违法处理个人信息行为的惩戒力度

本法根据个人信息处理的不同情况，对违法处理个人信息的行为设置了不同梯次的行政处罚。对未造成严重后果的轻微或一般违法行为，可由执法部门责令改正、给予警告、没收违法所得，对拒不改正的最高可处100万元罚款；对情节严重的违法行为，最高可处5000万元或上一年度营业额5%的罚款，并可以对相关责任人员作出相关从业禁止的处罚。同时，本法还专门规定，对违法处理个人信息的应用程序，可以责令暂停或终止提供服务。

在民事责任方面，本法明确，处理个人信息侵害个人信息权益造成损害的，个人信息处理者如不能证明自己没有过错，应当承担损害赔偿等侵权责任。同时，本法还对侵害众多个人权益的民事公益诉讼作了规定。

本法以严密的制度、严格的标准、严厉的责任构建了权责明确、保护有效、利用规范的个人信息处理和保护制度规则。社会各方面应当加强个人信息保护宣传教育，提高个人信息保护法治意识，推动本法落地实施，助力网络强国、数字中国、智慧社会建设。

中华人民共和国
个人信息保护法

（2021年8月20日第十三届全国人民代表大会常务委员会第三十次会议通过　2021年8月20日中华人民共和国主席令第91号公布　自2021年11月1日起施行）

第一章　总　　则

第一条　【立法目的】①为了保护个人信息权益，规范个人信息处理活动，促进个人信息合理利用，根据宪法，制定本法。

条文注释②

本条是关于本法立法目的的规定。

1. 保护个人信息权益

本法贯彻以人民为中心的法治理念，将保护人民群众的

①② 条文主旨、条文注释为编者所加，仅供参考。全书同。

个人信息权益作为首要目标，聚焦人民群众重大关切，确立了合法正当必要、最小化处理、公开透明等个人信息处理应遵循的原则，构建了以“告知—同意”为核心的一系列规则，对社会反映突出的“一揽子”授权、强制同意、“大数据杀熟”、人脸识别等问题作出了有针对性的规定，严格保护敏感个人信息，规范国家机关处理个人信息的活动，赋予个人充分的权利，保障其知情权和决定权，强化个人信息处理者的义务，并设置了严格的法律责任。

2. 规范个人信息处理活动

本法在现行有关法律的基础上，进一步充实完善个人信息保护制度规范，明确处理个人信息的合法情形，细化“告知—同意”规则，并对个人信息的共同处理、委托处理、对外提供和公开，处理已公开的个人信息、自动化决策、跨境转移等环节作出了有针对性的规定；同时，健全个人信息保护工作机制，明确有关主管部门对个人信息保护的监管职责。通过更加完备的制度规则，进一步增强法律规范的系统性、针对性和可操作性，为个人信息处理活动提供更加清晰的法律遵循，从源头上维护个人信息权益。

3. 促进个人信息合理利用

随着信息化与经济社会持续深度融合，个人信息的收集、使用更为广泛，一方面，促进了技术和商业模式的创新，提高了产品供需匹配的效率，降低了商业交易的成本，增强了经济社会发展的创新活力；另一方面，大数据的运用提升了政府在经济社会治理方面的决策、管理、服务水平，特别是新冠肺炎疫情发生以来，通过对个人信息的快速收集和分析，为科学精准作出防控决策、稳妥推进复工复产提供了有力支撑，充分体现出在推进国家治理体系和治理能力现代化方面的重要作用。

本条还对本法的立法依据作了阐释，即“根据宪法，制定本法”。个人信息保护的核心是保护个人的人格尊严这一基本权利。加强个人信息保护与《宪法》对公民人格尊严和权利的尊重、保护是一致的。

关联法规

《宪法》第38、40条；《民法典》第111、1034条；《网络安全法》第41条；《电子商务法》第23、24条；《消费者权益保护法》第29条

第二条　【个人信息受法律保护】自然人的个人信息受法律保护，任何组织、个人不得侵害自然人的个人信息权益。

条文注释

本条是关于个人信息受法律保护的宣示性规定。

本法对个人信息处理活动各环节作出了规定，赋予个人查询、复制、更正、删除等一系列权利，保障个人对其个人信息处理的知情权、决定权，从而实现对个人信息上承载的隐私权、不受歧视的权利以及财产权等广泛权利和利益的保护，并将这些权利和利益界定为“个人信息权益”。

关联法规

《民法典》第1034条；《网络安全法》第76条；《消费者权益保护法》第14条；《电子商务法》第23条；《全国人民代表大会常务委员会关于加强网络信息保护的决定》第1条

第三条　【地域效力】在中华人民共和国境内处理自然人个人信息的活动，适用本法。

在中华人民共和国境外处理中华人民共和国境内自然人个人信息的活动，有下列情形之一的，也适用本法：

（一）以向境内自然人提供产品或者服务为目的；

（二）分析、评估境内自然人的行为；

（三）法律、行政法规规定的其他情形。

条文注释

本条是关于本法地域效力的规定。

1. 本法的域内适用效力

本条第1款对本法的域内适用效力作了规定。这里有几点需要说明：(1)本法适用的主体不仅包括各类法人、非法人组织，而且适用于个人进行的个人信息处理活动。(2)该款调整的行为是在我国境内处理个人信息的活动，而不论处理者是否设立于中国境内或具有中国国籍。个人信息处理的环节众多，应以个人信息处理行为的实际发生地或者服务器所在地是否位于我国境内作为境内处理的判断标准，纯粹的、不经停留的网络数据过境传输通常不视为在我国境内处理个人信息。(3)该款中的“自然人”，既包括中国公民，也包括外国人，只要处理活动发生在我国境内，其个人信息均受到我国法律的同等保护。

2. 本法的域外适用效力

本条第2款规定了三类境外个人信息处理活动的适用

情形：

（1）以向境内自然人提供产品或者服务为目的，即以我国为目标市场并以个人为对象的跨境交易。对于相关境外个人信息处理者是否以我国为目标市场，应当综合多种因素对其商业意图作出判断，如境外处理者的网站、应用程序使用中文对相关产品和服务进行标识、介绍，将人民币作为支付货币或者接入我国境内支付工具，则可以表明该境外处理者将我国作为目标市场，其处理我国境内自然人个人信息的活动应当适用本法。

（2）分析、评估境内自然人的行为。利用个人信息进行分析、评估活动，通常需要持续记录、追踪相关个人信息，并通过后续的处理技术，对个人的行为习惯、兴趣爱好或者经济、健康、信用状况等作出分析或预测。相比一般的处理行为，此类行为对个人信息的收集、挖掘更容易侵害个人隐私等权益。因此，本法明确，在境外分析、评估境内自然人行为的个人信息处理活动适用本法，这一适用情形不区分该处理活动是商业行为还是非商业行为。

（3）法律、行政法规规定的其他情形。当前，在个人信息处理方面，新技术新应用快速发展并可能带来新的挑战，个人信息跨境处理的风险尚未充分显现，在今后实践中还可能遇到新情况、新问题，这样规定可以为相关法律、行政法规有针对性地加强对跨境处理活动的管理提供必要的空间。

关联法规

《民法典》第12条

第四条　【个人信息及个人信息处理的定义】个人信息是以电子或者其他方式记录的与已识别或者可识别的自然人有关的各种信息，不包括匿名化处理后的信息。

个人信息的处理包括个人信息的收集、存储、使用、加工、传输、提供、公开、删除等。

条文注释

本条是关于个人信息以及个人信息处理定义的规定。

1. 个人信息的定义

个人信息是本法的核心概念，可以从以下几方面来理解：(1)在载体形式方面，突出强调以电子方式记录的个人信息。同时，本法并未排除以纸质等其他方式记录的个人信息。(2)个人信息具有可识别性，即某一自然人的身份能够通过相关信息被直接或间接识别。(3)个人信息具有相对性，即对个人信息处理者而言，只要其已经识别、确定了特定个人的身份(已识别)，或者具备识别、确定特定个人身份的能力(可识别)，则与该特定个人有关的各种信息均应作为个人信息予以保护。

2. 关于个人信息的匿名化

通过匿名化技术或方法消除个人信息中的身份特征后加以利用，成为个人信息利用的一种重要方式。本法明确经匿名化处理后的信息不属于个人信息。

3. 个人信息处理

个人信息处理也是本法的核心概念，其中的“处理”不单指对个人信息的加工，而是包括从个人信息的收集到最终删除的全生命周期中的各个环节。本法将个人信息的“处理”作为一个概括性概念，进一步将个人信息的处理规定为对个人信息的收集、存储、使用、加工、传输、提供、公开、删除等。

个人信息的收集，通常又被称为个人信息的获取，常见的收集行为包括由个人提供而获取、从他人处获取、从公开渠道获取等。个人信息的存储，是指将收集到的个人信息通过一定的介质或形式保存起来，法律通常会对存储的技术条件以及期限作出规定。个人信息的使用，是指将个人信息用于特定目的的行为，主要包括利用个人信息提供产品或服务、进行商业营销、作出相关决定等。个人信息的加工，是指将个人信息按照特定的标准进行整理或技术处理，以满足特定需求的行为。个人信息的传输，是指将个人信息从一个系统或地点传送到另一个系统或地点。个人信息的提供，是指一个主体将其掌握的个人信息给另一个主体。个人信息的公开，是指将个人信息向不特定人员发布。个人信息的删除，是指将储存的个人信息从系统中去除，以达到不可被检索和访问的目的。

关联法规

《民法典》第 1034、1038 条；《网络安全法》第 76 条；《最高人民法院、最高人民检察院关于办理侵犯公民个人信息刑事案件适用法律若干问题的解释》第 1 条

第五条 【合法、正当、必要和诚信原则】处理个人信息应当遵循合法、正当、必要和诚信原则，不得通过误导、欺诈、胁迫等方式处理个人信息。

条文注释

本条是关于合法、正当、必要和诚信原则的规定。

1. 合法、正当、必要原则

合法、正当、必要原则是国际上个人信息保护法律和实践普遍确立的原则。合法原则，是指个人信息处理行为应当根据法律规定的原则、规则进行，不能违反法律强制性规定。正当原则，是指对个人信息的处理，其目的和行为应是合理的、具有正当性的，不得违背公序良俗。必要原则，是指在合法、正当目的的前提下，对个人信息的处理是必要的，不得超过合理的限度。

2. 诚信原则

诚信原则是社会主义核心价值观的重要内容，是任何组织、个人参与经济社会生活必须遵守的原则。同样地，个人信息处理者处理个人信息，也应当诚实守信，在个人信息处理的各环节尊重个人信息权益，基于诚实的态度、善意地履行对个人信息的保护义务，恪守其作出的关于个人信息保护的承诺。

关联法规

《民法典》第7、1035条；《网络安全法》第41条；《消费者权益保护法》第29条；《全国人民代表大会常务委员会关于加强网络信息保护的决定》第2条

第六条 【目的明确和最小化处理原则】处理个人信息应当具有明确、合理的目的,并应当与处理目的直接相关,采取对个人权益影响最小的方式。

收集个人信息,应当限于实现处理目的的最小范围,不得过度收集个人信息。

条文注释

本条是关于目的明确和最小化处理原则的规定。

1. 目的明确原则

目的明确原则要求信息处理者在处理个人信息时应当具备特定的目的,在对个人信息的处理过程中不能随意变更、超出该目的。个人信息处理者处理个人信息的目的要明确、合理,让个人能够清晰地知道其个人信息用于何种目的,从而判断是否允许个人信息处理者处理其个人信息或者知道其个人信息权益是否受到侵害。

目的明确原则要求:(1)为了避免过度处理个人信息,目的明确原则要求处理个人信息的目的清晰明确,不能过于宽泛或者笼统。(2)处理个人信息的目的本身应当是合理的,不得违反法律法规的规定和公序良俗。(3)处理个人信息的行为应当与处理目的直接相关。

2. 最小化处理原则

(1)最小化处理原则要求个人信息处理者选择对个人权益影响最小的方式处理个人信息;当个人信息处理可能对个人信息权益有较大影响时,应当采取必要措施,比如调整处理行为或处理方式、特别告知或者向个人作出充分解释、采取更严格的安全保护措施等，减小对个人权益的影响。(2)实践中，过度收集个人信息的情况比较严重，为了回应现实中过度收集个人信息的突出问题，本条第2款特别强调，收集个人信息，应当限于实现处理目的的最小范围，不得过度收集个人信息。

关联法规

《民法典》第1035条；《网络安全法》第41条；《消费者权益保护法》第29条；《全国人民代表大会常务委员会关于加强网络信息保护的决定》第2条

第七条 【公开、透明原则】处理个人信息应当遵循公开、透明原则，公开个人信息处理规则，明示处理的目的、方式和范围。

条文注释

本条是关于公开、透明原则的规定。

个人信息处理不得秘密进行，公开、透明原则是个人信息处理者应当遵循的基本原则之一，本条从两个层面对该原则作了进一步规定。

1. 公开个人信息处理规则

本条中的“个人信息处理规则”，是指信息处理者为处理个人信息、落实对个人信息的保护义务，结合自身情况制定或者遵循的具体操作规则或者办法，如实践中常见的“隐私政策”“个人信息保护政策”等。主要包括以下两个方面：

(1)个人信息处理规则的内容。个人信息处理规则由信息处理者自行制定，但法律也明确了应当公开的事项，如本法第 17 条等条文对处理个人信息应告知的事项作了相应规定。个人信息保护政策告知的内容,应真实、准确、完整;个人信息保护政策的内容应清晰易懂,符合通用的语言习惯,使用标准化的数字、图示等,避免使用有歧义的语言。

(2)公开的方式。个人信息处理者对个人信息进行收集等行为,有的是通过网络进行的,有的是通过线下面对面进行的。对于通过网络平台、App 等线上渠道处理个人信息的情形,通常要求个人信息处理者在其网站或应用程序页面的明显位置公开个人信息处理规则,便于个人知悉、查阅和下载保存。本法第 17 条根据线上个人信息处理的实际情况,规定个人信息处理者可以通过制定个人信息处理规则的方式进行告知,且处理规则应当公开,便于查阅和保存。

2. 明示个人信息处理的目的、方式和范围

公开、透明原则的核心是要求个人信息处理者履行告知义务,明示个人信息处理的有关情况。本法对此作了许多具体规定。第 17 条规定了个人信息处理者向个人告知的事项;第 22 条、第 23 条分别规定了在转移或者向他人提供个人信息时的告知义务;第 30 条规定了处理敏感个人信息时应当告知处理敏感个人信息的必要性以及对个人权益的影响;等等。在上述相关规定中,处理个人信息的目的、方式和范围是最为关键的。据此,本法在总则中特别强调,个人信息处理者应当通过个人信息处理规则明示处理的目的、方式和范围。

关联法规

《民法典》第 1035 条;《网络安全法》第 41 条;《消费者

权益保护法》第29条;《全国人民代表大会常务委员会关于加强网络信息保护的决定》第2条

第八条 【个人信息质量原则】处理个人信息应当保证个人信息的质量,避免因个人信息不准确、不完整对个人权益造成不利影响。

条文注释

本条是关于个人信息质量原则的规定。

个人信息质量原则有以下具体要求:(1)是否需要保持个人信息的准确、完整,应结合个人信息的处理目的和对个人权益的影响等因素进行具体判断。例如,以营销为目的向个人推送定向广告,一般只须收集个人的浏览、购买等记录,而无须掌握精确的个人身份信息。而一些对个人权益有较大影响的处理场景,则对个人信息的质量有较高要求。典型的如征信信息,征信信息的不准确、不完整将直接导致个人无法获得贷款或贷款额度受限。(2)个人信息处理者应当保障个人的补充、更正、拒绝等权利,避免因个人信息不准确、不完整对个人权益造成不利影响。

第九条 【责任和安全保障原则】个人信息处理者应当对其个人信息处理活动负责,并采取必要措施保障所处理的个人信息的安全。

条文注释

本条是关于责任原则和安全保障原则的规定。

1. 责任原则

责任原则要求:(1)个人信息处理者在处理个人信息时,应遵循本法确立的个人信息处理的原则。(2)处理个人信息应遵守本法规定的个人信息处理规则。(3)个人信息处理者应采取必要的管理措施和技术措施,保障个人信息处理的合规性和安全性,并保障个人能够有效行使查阅权、复制权、更正权、删除权等权利。(4)当个人信息处理活动侵害个人信息权益时,个人信息处理者应承担相应的法律责任。

2. 安全保障原则

本法第5章对个人信息处理者的安全保障义务作了具体规定,要求个人信息处理者应当根据个人信息的处理目的、处理方式、个人信息的种类以及对个人权益的影响、可能存在的安全风险等,采取下列措施防止未经授权的访问以及个人信息泄露、篡改、丢失:(1)制定内部管理制度和操作规程;(2)对个人信息实行分类管理;(3)采取相应的加密、去标识化等安全技术措施;(4)合理确定个人信息处理的操作权限,并定期对从业人员进行安全教育和培训;(5)制定并组织实施个人信息安全事件应急预案;(6)法律、行政法规规定的其他措施。本条将个人信息处理者应当依法履行安全保障义务归纳概括为安全保障原则,在总则中作出规定。

关联法规

《民法典》第1038条;《网络安全法》第40~42、49条;《全国人民代表大会常务委员会关于加强网络信息保护的决定》第3、4条

第十条 【禁止非法处理个人信息】任何组织、个人不得非法收集、使用、加工、传输他人个人信息，不得非法买卖、提供或者公开他人个人信息；不得从事危害国家安全、公共利益的个人信息处理活动。

条文注释

本条是关于禁止非法处理个人信息的规定。

本条从禁止性的角度强调了任何组织和个人都不得非法开展个人信息处理活动。一方面，强调个人信息处理者应当履行个人信息保护义务，不得违法处理个人信息；另一方面，体现了与相关法律的衔接，强调不得通过个人信息处理从事其他违法活动。

本法确立了处理个人信息应遵循的原则，建立了以“告知—同意”为核心的个人信息处理规则，明确了个人信息处理者保护个人信息的义务，任何组织、个人不得违法处理个人信息，包括不得非法收集、使用、加工、传输他人个人信息，不得非法买卖、提供或者公开他人个人信息。与此同时，个人信息处理作为一种技术手段或者方式，可能被用来从事违法犯罪活动，危害国家安全、公共利益，对此应在法律上予以禁止，并依照其他有关法律法规的规定追究个人信息处理者的责任。

关联法规

《民法典》第 1038 条；《网络安全法》第 41 ~ 43 条；《全国人民代表大会常务委员会关于加强网络信息保护的决定》

第1、2条

第十一条 【国家在个人信息保护方面的责任】国家建立健全个人信息保护制度,预防和惩治侵害个人信息权益的行为,加强个人信息保护宣传教育,推动形成政府、企业、相关社会组织、公众共同参与个人信息保护的良好环境。

条文注释

本条是关于国家在个人信息保护方面责任的规定。

在信息化时代,加强个人信息保护、维护公民在网络空间的合法权益是全社会的共同责任,需要各方面共同参与。

1. 建立健全个人信息保护制度

加强个人信息保护需要国家建立健全相关法律制度。近年来,我国除了出台《关于加强网络信息保护的决定》《网络安全法》《电子商务法》《民法典》等,还出台了大量涉及个人信息保护的行政法规、规章、规范性文件以及司法解释、技术标准等,不断完善个人信息保护制度。本法的制定是进一步健全个人信息保护制度的重要举措,有关部门应当根据本法的要求,完善个人信息保护工作机制,适时制定、修订相关配套规定和标准,形成完备的个人信息保护制度体系。

2. 预防和惩治侵害个人信息权益的行为

为了更加有效地保护公民的个人信息权益,应当在建立健全个人信息保护制度的基础上,采取措施监测、预警个人信息保护面临的突出问题和风险,完善个人信息保护监督执法工作机制,加强日常监督检查,有针对性地提出改进个人信息保护工作的举措,有效预防侵犯个人信息权益行为的发生。同时,根据个人的投诉和举报,以及监督检查工作中发现的线索,对涉嫌侵害个人信息权益的违法犯罪行为依照法定程序调查处理。

3. 加强个人信息保护宣传教育

加强个人信息保护宣传教育,包括宣传个人信息保护的重要性、各方主体在个人信息保护方面的权利和义务以及个人信息保护法律法规等。个人信息保护宣传教育的途径和方式是多样的。国家应当支持将个人信息保护纳入学校教育、家庭教育和社会教育等,鼓励媒体通过新闻报道、公益专题片等多种形式开展个人信息保护宣传教育。

4. 推动形成全社会共同参与的良好环境

个人信息保护事关国家和全社会的共同利益,加强个人信息保护需要政府、企业、相关社会组织和公众共同参与,发挥全社会的作用。政府依法履行职责,是个人信息保护制度得到有效落实的保障。企业要依法履行个人信息保护义务、遵守商业道德、承担社会责任、接受政府和社会监督。相关社会组织通过制定行业规范、开展业务交流培训等方式,指导和促进本行业的个人信息保护工作。公众通过行使具体的个人信息权利以及监督、投诉、诉讼等权利,有效维护自身合法权益,并促进社会对个人信息保护的重视。国家应当采取措施支持社会各方面参与个人信息保护工作,营造全社会共同参与的有利环境和良好氛围。

关联法规

《全国人民代表大会常务委员会关于加强网络信息保护的决定》第1条

第十二条 【参与个人信息保护国际治理】国家积极参与个人信息保护国际规则的制定,促进个人信息保护方面的国际交流与合作,推动与其他国家、地区、国际组织之间的个人信息保护规则、标准等互认。

条文注释

本条是关于参与个人信息保护国际治理的规定。

1. 积极参与个人信息保护国际规则的制定

个人信息保护是一个相对新兴的领域,虽然有一些比较有影响力的区域性规则,但相关制度总体上尚处于探索和发展阶段,还没有形成全球统一的成熟的国际规则。我国积极参与个人信息保护国际规则的制定,既是维护国家利益的需要,也有利于推动形成公平合理的个人信息保护国际规则。

2. 促进个人信息保护方面的国际交流与合作

通过合作交流加强相互信任和支持,有效保障个人信息权益,促进个人信息有序流动。国际交流与合作的领域,既包括规则制定方面的合作,也包括执法、司法等领域的合作,还包括技术层面的合作。合作主体方面,既包括促进政府之间的合作,也包括促进企业、行业等相互合作。国家缔结或参加国际条约、协定,是促进国际交流合作的重要方式。

3. 推动与其他国家、地区、国际组织之间的个人信息保护规则、标准等互认

规则、标准互认制度是国际通行的贸易便利化工具，是促进国际合作和经贸往来的“世界语言”和“技术语言”。推动符合《联合国宪章》宗旨的个人信息保护规则标准国际互认，实现不同国家、地区、国际组织之间的个人信息保护规则、标准等互通、互信，有利于促进经济一体化和个人信息保护标准的统一化。

第二章　个人信息处理规则

第一节　一 般 规 定

第十三条　【处理个人信息合法性基础】符合下列情形之一的，个人信息处理者方可处理个人信息：

（一）取得个人的同意；

（二）为订立、履行个人作为一方当事人的合同所必需，或者按照依法制定的劳动规章制度和依法签订的集体合同实施人力资源管理所必需；

（三）为履行法定职责或者法定义务所必需；

（四）为应对突发公共卫生事件，或者紧急情况下为保护自然人的生命健康和财产安全所必需；

（五）为公共利益实施新闻报道、舆论监督等行为，在合

理的范围内处理个人信息；

（六）依照本法规定在合理的范围内处理个人自行公开或者其他已经合法公开的个人信息；

（七）法律、行政法规规定的其他情形。

依照本法其他有关规定，处理个人信息应当取得个人同意，但是有前款第二项至第七项规定情形的，不需取得个人同意。

条文注释

本条是关于处理个人信息合法性基础的规定。

1. 取得个人的同意

保护个人信息权益源于对人的自由和人格尊严的保护，其核心是赋予个人对其个人信息被处理的决定权和选择权。同意是实现个人的决定权和选择权的基础。个人信息保护法律制度就是通过提高处理行为的透明度，确保个人在充分知情的前提下，决定其个人信息基于何种目的、在何种范围内、以何种方式被处理。同时，由个人对处理行为自愿作出同意，也是意思自治原则在个人信息处理领域的具体体现。因此，同意一直都被视为个人信息保护的基石，也是确保公平合法处理个人信息最有效、最透明的方式。

2. 为订立、履行个人作为一方当事人的合同所必需，或者按照依法制定的劳动规章制度和依法签订的集体合同实施人力资源管理所必需

（1）为订立、履行个人作为一方当事人的合同所必需，是

指个人信息处理者与个人分别为合同双方当事人，而信息处理行为属于为订立和履行合同义务所必需。此处的必需是客观上的必要，即个人信息处理者所处理的个人信息种类、处理方式等对订立、履行合同来说应当是必要的，其处理个人信息的行为应符合合同相对人、社会公众的合理期待或者行业惯例。为订立个人作为一方当事人的合同所必需，一般情况下是个人有订立合同的意向，个人信息处理者应其要求处理必要的个人信息。

(2)为实施人力资源管理所必需处理个人信息，要按照依法制定的劳动规章制度和依法签订的集体合同实施。用人单位应当按照《劳动合同法》的规定，在与劳动者充分协商基础上建立劳动规章制度，在规章制度中对为实施人力资源管理所必需处理个人信息的规则作出规定。同时，用人单位还可以与劳动者签订集体合同，并在集体合同中对处理劳动者个人信息的规则作出约定。

3. 为履行法定职责或者法定义务所必需

(1)为履行法定职责所必需处理个人信息。国家机关履行法定职责具有特殊性，为维护国家安全和社会公共利益、保护人民群众和有关组织合法权益，在一些情形下涉及限制公民的权利和自由，并由国家强制力予以保障，在这些情形下为履行法定职责处理个人信息不能也难以以获得个人同意为前提。据此，本条将因履行法定职责所必需作为处理个人信息的合法情形。需要强调的是，判断国家机关处理个人信息是否属于履行法定职责所必需，应当依据法律、行政法规的规定，或者根据国家机关及其履行的职责性质等因素予以判断。

(2)为履行法定义务所必需处理个人信息。国家机关履行的法定职责,通常也体现为对公民、法人、非法人组织的法定义务,包括保护公民人身财产安全、提供公共服务等。同时,法律、行政法规还赋予了公民、法人、非法人组织配合、协助国家机关维护国家安全、惩治违法犯罪的义务。

4. 为应对突发公共卫生事件,或者紧急情况下为保护自然人的生命健康和财产安全所必需

(1)为应对突发公共卫生事件所必需。突发公共卫生事件,是指突然发生,造成或者可能造成社会公众健康严重损害的重大传染病疫情、群体性不明原因疾病、重大食物和职业中毒以及其他严重影响公众健康的事件。本法将为应对突发公共卫生事件所必需作为处理个人信息的合法性基础。需要强调的是,为应对突发公共卫生事件处理个人信息,不需要取得个人同意,但也应当履行必要的告知义务,保障个人的知情权,并且处理个人信息不得超过必要的限度,采取对个人权益影响最小的方式,充分尊重并保护个人隐私等。

(2)紧急情况下为保护自然人的生命健康和财产安全所必需。在紧急情况下,为保护个人的生命或者财产安全,通常客观上很难事先取得个人同意,或者取得个人同意可能会延误对其生命健康和财产安全的保护,在这种情形下可以不经个人同意处理其个人信息。但如果条件允许,应在紧急情况消除后及时向个人告知。

5. 为公共利益实施新闻报道、舆论监督等行为，在合理的范围内处理个人信息

新闻报道具有传递信息、提供知识等功能。舆论监督是新闻媒体、社会公众参与社会公共事务，对国家机关和国家工作人员及社会问题进行公开监督的一种方式。为公共利益实施新闻报道、舆论监督，很可能涉及特定的自然人，需要使用、公开自然人的个人信息。如果使用、公开相关个人信息需取得其同意，那么新闻报道、舆论监督可能无法正常进行。

6. 依照本法规定在合理的范围内处理个人自行公开或者其他已经合法公开的个人信息

随着信息技术和大数据产业的发展，通过对个人信息进行汇总、分析，可能产生新的隐私信息。因此，处理公开的个人信息，也有侵害个人信息权益的风险，应当对处理已公开的个人信息作出必要的规范。据此，本法第27条规定，个人信息处理者可以在合理的范围内处理个人自行公开或者其他已经合法公开的个人信息；个人明确拒绝的除外。个人信息处理者处理已公开的个人信息，对个人权益有重大影响的，应当依照本法规定取得个人同意。本条第1款第6项规定与第27条规定相衔接，将在合理范围内处理已公开的个人信息作为可以处理个人信息的合法性基础。

关于个人信息处理的合法性基础，应当注意以下几个问题：(1)个人信息处理者具备处理个人信息的合法性基础，特别是取得同意以外的合法性基础，也应当遵循合法、正当、必要等个人信息处理的基本原则和具体规则，履行个人信息安

全保护义务，并不因具备合法性基础就免除其个人信息保护的义务。(2)处理者在开始收集个人信息前就应当确定其合法性基础，不能在收集之后随意变更个人信息处理的合法性基础。(3)根据本条第2款的规定，本法中所有要求应当取得个人同意以及单独同意、书面同意的规定，都是对基于同意这一合法性基础处理个人信息作出的要求，如果处理者是基于本条第1款同意以外的合法性基础处理个人信息则不需要适用取得同意的要求。

关联法规

《民法典》第999、1035～1038条

第十四条 【同意的作出和重新取得同意】基于个人同意处理个人信息的，该同意应当由个人在充分知情的前提下自愿、明确作出。法律、行政法规规定处理个人信息应当取得个人单独同意或者书面同意的，从其规定。

个人信息的处理目的、处理方式和处理的个人信息种类发生变更的，应当重新取得个人同意。

条文注释

本条是关于同意的作出和重新取得同意的规定。

同意是个人信息处理活动中个人决定权的重要体现，个人决定权即个人有权决定个人信息能否被他人处理以及如何被处理。

1. 同意的作出

(1)同意应当在个人充分知情的前提下作出。公开透明

原则是处理个人信息的基本原则之一。处理者在收集个人信息之前，就应当积极主动地通过适当的形式告知个人相关信息，包括处理者的名称或者姓名和联系方式、处理目的、处理方式等，以便个人评估处理行为对其权益的影响，在此基础上作出是否接受处理其个人信息的决定，确保其对个人信息处理活动的决定权。

(2)同意应当是自愿作出的。自愿作出同意，指个人在决定过程中不存在误导、欺诈、胁迫等情形，出于真实意愿作出选择。因此，自愿作出的同意要求处理者给予个人真正的选择权和决定权，否则同意无效。如果相对于个人信息处理者，个人处于明显弱势或从属地位而同意对其个人信息的处理，则通常不被认为是有效的同意。自愿作出同意还意味着个人可以随时撤回其已作出的同意，个人撤回同意不影响处理者在同意撤回前所进行的处理行为的效力。

(3)同意应当明确作出。本法规定的明确作出同意，要求个人在特定场景中通过积极清楚的行为来表示对个人信息处理的接受，可以通过书面形式(包括电子形式)、口头方式或者明确的肯定行为作出。

2. 关于单独同意和书面同意

针对现实生活中社会反映强烈的“一揽子”授权、强制同意等问题，本法特别要求，个人信息处理者在处理敏感个人信息、向他人提供或公开个人信息、跨境提供个人信息等环节应取得个人的单独同意。单独同意是相对于“一揽子”、概括性同意来说的，单独同意要求个人信息处理者处理特殊类型的个人信息或者进行特别类型的处理行为时不得与处理一般个人信息和进行其他类型的处理行为一并取得个人同意。

3. 关于重新取得同意

处理目的、处理方式和处理的个人信息种类是个人信息处理的核心要素。(1)根据目的明确原则，处理个人信息应当具有明确、合理的目的，并应当与处理目的直接相关，采取对个人权益影响最小的方式。因此，处理目的决定了处理个人信息的范围，处理目的发生变化，处理个人信息的范围可能会发生变化，超出个人的合理预期。处理目的变更，实质上产生了新的处理行为。(2)处理方式变更，如增加向他人提供、公开个人信息的处理方式，也可能对个人产生重大影响。(3)处理个人信息的类型与个人的权益密切相关，也是个人高度关注的内容。因此，本条规定，个人信息的处理目的、处理方式和处理的个人信息种类发生变更的，个人信息处理者既要依法履行重新告知的义务，还应当取得个人对上述变更事项的同意。

关联法规

《民法典》第1035条；《网络安全法》第22、41条；《个人信息保护法》第13、29条

第十五条　【撤回同意及其效力】基于个人同意处理个人信息的，个人有权撤回其同意。个人信息处理者应当提供便捷的撤回同意的方式。

个人撤回同意，不影响撤回前基于个人同意已进行的个人信息处理活动的效力。

条文注释

本条是关于撤回同意及其效力的规定。

1. 撤回同意及其方式

个人同意个人信息处理者处理其个人信息,并不表明放弃其权利,不适用民商事活动中的禁止反悔原则。个人在作出同意后,仍有权撤回其同意。在个人信息收集阶段,个人对处理行为给其带来的影响不一定有明确的认知,处理者后续的处理行为可能会对其合法权益造成不利影响,此时个人可以行使同意撤回权,要求处理者停止处理行为。同时,个人信息处理者应当为个人撤回其同意提供便捷的方式,不得为个人撤回其同意设置不必要、不合理的障碍。

2. 撤回同意的效力

根据本条第2款的规定,撤回同意权利的行使不具有溯及力,即同意的撤回不影响在撤回前基于同意而进行的个人信息处理的合法性。个人撤回同意后,处理者应当停止处理,并且应当按照规定删除基于同意处理的个人信息,除非法律、行政法规规定的保存期限未届满,或者删除个人信息从技术上难以实现。

关联法规

《个人信息保护法》第13、14条

第十六条　【禁止强制获取用户同意】个人信息处理者不得以个人不同意处理其个人信息或者撤回同意为由,拒绝提供产品或者服务;处理个人信息属于提供产品或者服务所必需的除外。

条文注释

本条是关于禁止以提供产品或者服务为由强制获取用户同意的规定。

本条规定要求个人信息处理者处理个人信息应当与提供产品或者服务的目的直接相关，不能收集与提供产品或者服务无关的个人信息。所谓必需，要基于产品或者服务的性质来确定，而非个人信息处理者的主观判断。必需的个人信息，是指保障产品和服务功能正常运行所需的最少够用的个人信息，一旦缺少这些必要的信息将导致相关产品或者服务无法实现或无法正常运行。

关联法规

《网络安全法》第41条

第十七条　【告知内容和告知方式】个人信息处理者在处理个人信息前，应当以显著方式、清晰易懂的语言真实、准确、完整地向个人告知下列事项：

（一）个人信息处理者的名称或者姓名和联系方式；

（二）个人信息的处理目的、处理方式，处理的个人信息种类、保存期限；

（三）个人行使本法规定权利的方式和程序；

（四）法律、行政法规规定应当告知的其他事项。

前款规定事项发生变更的，应当将变更部分告知个人。

个人信息处理者通过制定个人信息处理规则的方式告知第一款规定事项的，处理规则应当公开，并且便于查阅和保存。

条文注释

本条是关于告知内容和告知方式的规定。

告知是个人信息处理公开透明原则的要求，是实现个人知情权的基础，也是个人行使本法规定的其他权利的前提。个人只有知晓与其个人信息处理有关的重要事项，才能自愿地、理性地作出相关决定。

1. 告知应当符合的要求

告知应当符合以下要求：(1)个人信息处理者在处理个人信息前应当向个人进行告知，而不能在已经实施了处理行为之后再告知。(2)采用显著方式告知。采用显著方式具体包括以下含义：一是处理个人信息的规则信息应与其他信息(如合同条款或者一般使用条款)明确区分。二是告知应在个人使用相关服务时即时直接展示。三是告知文本的大小、字体与颜色足以吸引个人的注意。(3)采用清晰易懂的语言告知。清晰易懂的要求意味着，告知应当考虑阅读对象的多元化，以确保告知能够被不具备专业知识背景和理解能力的人理解。(4)真实、准确、完整告知。这是对告知内容质量的要求。

2. 告知的内容

只有将与个人信息权益密切相关的信息告知个人，使其真正了解处理行为及其风险，才可能取得个人的有效同意。本条第1款对处理者应当告知的内容作了规定：(1)个人信息处理者的名称或者姓名和联系方式。告知个人信息处理者的具体信息有助于个人对处理者的保护能力作出评估，也有助于个人行使其权利。(2)个人信息的处理目的、处理方式，处理的个人信息种类、保存期限。这些事项是个人信息处理的核心要素，事关个人的切身利益，应当向个人告知。(3)个人行使本法规定权利的方式和程序。本法规定个人在个人信息处理活动中有查阅、复制、更正、删除等权利，处理者应当将行使上述权利的方式和程序告知个人，以确保个人能够方便地行使上述权利。此外，对于处理敏感个人信息的，处理者还应当根据本法第30条的规定，向个人告知处理敏感个人信息的必要性以及对个人权益的影响。

3. 告知事项变更的告知

落实个人信息处理公开透明原则的要求适用于个人信息处理的整个生命周期。如果先前告知的事项发生变更，处理者应当将变更部分告知个人，告知的时间应当在新的处理行为开始之前。这里的“变更”，主要是指告知事项的实质性改变，不包括拼写错误等非实质性变更。处理者在确定是否为实质性变更时，应考虑该变更对个人信息权益的影响，以及个人的可接受程度。

4. 个人信息处理规则的公开、查阅和保存

个人信息处理者在处理个人信息前告知法律规定的事项可以采取一对一的方式，例如，在办理相关业务时采用知情同意书方式逐一告知有关个人信息处理的事项。处理者也可以采用公开个人信息处理规则的方式，也就是通常所说的“隐私政策”或者“隐私协议”，向不特定当事人告知。目前在使用应用软件、浏览网站等在线服务情形下，处理者通常采用公开隐私政策的方式向个人告知个人信息处理规则。公开个人信息处理规则应当符合本条第1款的规定，并应当

便于个人查阅和保存,以保障个人的知情权。

关联法规

《民法典》第1035条;《个人信息保护法》第18、30条

第十八条 【告知例外】个人信息处理者处理个人信息,有法律、行政法规规定应当保密或者不需要告知的情形的,可以不向个人告知前条第一款规定的事项。

紧急情况下为保护自然人的生命健康和财产安全无法及时向个人告知的,个人信息处理者应当在紧急情况消除后及时告知。

条文注释

本条是关于个人信息处理告知例外的规定。

公开透明原则是处理个人信息的基本原则之一,无论基于何种合法性基础处理个人信息,原则上都应当向个人告知本法第17条第1款规定的事项。但是,基于法律、行政法规规定或者特殊情况下,个人信息处理者不能告知或者无法告知的,本法作了特殊规定:(1)应当保密的情形,可以不履行告知义务。这里的"保密"是指保守国家秘密,《保守国家秘密法》对应当确定为国家秘密的事项以及国家机关、企事业单位和个人等主体的保密义务作了规定,因此,处理个人信息涉及国家秘密的事项不需要向个人告知。(2)不需要告知的情形主要包括:一是国家机关为履行法定职责处理个人信息,告知将妨碍国家机关履行职责的;二是按照本法规定在合理的范围内处理已公开的个人信息,通常也不需要告知;

三是法律、行政法规规定不需要告知的其他情形。(3)在紧急情况下为保护自然人的生命健康和财产安全无法及时告知的,可以在紧急情况消除后再履行告知义务。

第十九条　【个人信息保存期限】除法律、行政法规另有规定外,个人信息的保存期限应当为实现处理目的所必要的最短时间。

条文注释

本条是关于个人信息保存期限的规定。

个人信息的保存期限与目的明确、最小化处理原则密切相关。一般而言,个人信息处理行为基于的特定目的本身就有存续期限。这意味着,旨在实现信息处理目的的个人信息的保存也应当限于实现目的所需要的最短期限。如果保存期限不确定或长于实现处理目的所需要的期限,不符合个人对自身权益的合理期待,也会增加信息泄露或不正当使用的风险。处理目的已实现、无法实现或者为实现处理目的不再必要,继续处理个人信息则不再具有正当性,处理者自然没有继续处理个人信息的必要。处理者应当根据本法第47条的规定删除个人信息,或者停止除存储和采取必要的安全保护措施之外的处理。

同时,现行法律、行政法规基于维护公共利益等需要,对特定行业和领域的个人信息保存期限作了明确规定,处理者应当遵守相关保存期限的规定。例如,为防范和调查危害网络安全的活动,《网络安全法》规定网络日志留存不少于6个月。根据本条规定,个人信息的保存期限应当为实现处理目的所必要的最短时间，但法律、行政法规对个人信息的保存期限另有规定的，应当按照其规定执行。

关联法规

《网络安全法》第21条；《电子商务法》第31、53条；《征信业管理条例》第16条

第二十条 【共同处理个人信息】两个以上的个人信息处理者共同决定个人信息的处理目的和处理方式的，应当约定各自的权利和义务。但是，该约定不影响个人向其中任何一个个人信息处理者要求行使本法规定的权利。

个人信息处理者共同处理个人信息，侵害个人信息权益造成损害的，应当依法承担连带责任。

条文注释

本条是关于共同处理个人信息的规定。

当数人共同自主决定个人信息的处理目的、处理方式时，该个人信息处理行为属于共同处理，共同决定处理目的、处理方式的组织和个人为共同处理者。共同处理行为并不要求数个处理者全程参与个人信息处理的各环节、实施所有处理行为，而是强调数人共同决定个人信息的处理目的、处理方式，共同承担个人信息处理的后果。

1. 关于共同处理者的义务

在共同处理个人信息的过程中，共同处理者应当明确各自的角色定位，并明确各自的权利和义务，以确保该处理过程符合法律关于共同处理的要求。共同处理者应明确的权

利和义务主要包括个人信息的处理目的、处理方式、合法性基础，在个人信息收集、存储、使用、加工、传输、提供、公开、删除等全生命周期各方可以实施的行为，如何履行告知义务，各方对个人信息保护应采取的措施等。

即使共同处理者对其共同处理行为的权利和义务作出约定，但仍应对该共同处理行为负责，个人可以向任何一个处理者要求行使本法规定的个人在个人信息处理活动中的查阅、复制、更正、删除等权利。

2. 关于共同处理的损害赔偿责任

个人信息处理者共同决定个人信息的处理目的、处理方式，其处理行为侵害个人信息权益造成损害的，构成《民法典》第1168条规定的共同侵权行为，共同处理者应当对该损害承担连带赔偿责任。

关联法规

《民法典》第178、1168条

第二十一条　【委托处理个人信息】个人信息处理者委托处理个人信息的，应当与受托人约定委托处理的目的、期限、处理方式、个人信息的种类、保护措施以及双方的权利和义务等，并对受托人的个人信息处理活动进行监督。

受托人应当按照约定处理个人信息，不得超出约定的处理目的、处理方式等处理个人信息；委托合同不生效、无效、被撤销或者终止的，受托人应当将个人信息返还个人信息处理者或者予以删除，不得保留。

未经个人信息处理者同意,受托人不得转委托他人处理个人信息。

条文注释

本条是关于委托处理个人信息的规定。

个人信息处理者作为决定处理目的和处理方式的主体,可能不具备处理能力,需要委托他人来处理个人信息;有的个人信息处理者处理个人信息数量大、业务复杂,需要委托其他细分领域的主体来处理个人信息。

1. 个人信息处理者的义务

在委托处理个人信息的活动中,个人信息处理者应当履行以下义务:(1)应当与受托人签订合同,约定委托处理的目的、期限、处理方式,个人信息的种类、保护措施以及双方的权利和义务。(2)应当对受托人的个人信息处理活动进行监督。可以根据个人信息处理的不同情况采取派员监督、定期检查或者其他方式进行监督,以确保委托处理个人信息的活动符合法律规定。

此外,根据本法有关规定,个人信息处理者还应当对其委托处理行为进行个人信息保护影响性评估,且不得超出个人同意的范围作出委托行为。

2. 受托人的义务

受托人应当履行以下义务:(1)受托人应当严格按照委托合同的约定以及个人信息处理者的指示和要求处理个人信息,不得超出约定的处理目的、处理方式等处理个人信息。(2)委托合同不生效、无效、被撤销或者终止的,受托人应当将个人信息返还个人信息处理者或者予以删除，不得保留。(3)转委托应当经个人信息处理者同意。根据《民法典》第923条的有关规定，经委托人同意，受托人可以转委托。据此，受托人转委托他人处理个人信息的，必须得到委托人的同意。

3. 委托处理的责任承担

本法对个人信息委托处理的责任承担未作规定。根据《民法典》的有关规定，受托人接受委托处理个人信息的行为，对委托人即个人信息处理者发生效力，由此侵害个人信息权益造成损害的，由委托人承担对第三人的民事责任。受托人不履行或者不按照约定履行职责，造成委托人损害的，应当依法承担民事责任。

关联法规

《民法典》第919～936条

第二十二条　【特殊情形下转移个人信息】个人信息处理者因合并、分立、解散、被宣告破产等原因需要转移个人信息的，应当向个人告知接收方的名称或者姓名和联系方式。接收方应当继续履行个人信息处理者的义务。接收方变更原先的处理目的、处理方式的，应当依照本法规定重新取得个人同意。

条文注释

本条是关于因合并、分立、解散、被宣告破产等原因转移个人信息的规定。

个人信息处理者作为个人信息保护义务和责任的承担者，其变更意味着处理个人信息的规则和安全保护能力可能发生变化，对个人信息权益有重大影响，一般情况下此类变更应取得个人的同意。

在个人信息处理者合并、分立、解散、被宣告破产而需要转移个人信息的情形下，虽然可能发生个人信息处理主体的变更，但存在个人信息处理行为的承继关系。本条针对上述情形下的个人信息转移作出有针对性的规范：(1)要求个人信息处理者向个人告知接收方的名称或者姓名和联系方式，以保障个人的知情权。(2)如果个人信息处理活动仍在原先的处理目的、处理方式等范围内进行，则个人信息处理者和接收方均不需要就个人信息的转移取得个人的同意，但接收方仍需按原先的处理目的、处理方式处理个人信息，继续履行个人信息处理者的义务。(3)如果接收方需要变更原先的处理目的、处理方式，则接收方应当重新告知并取得个人的同意。

关联法规

《民法典》第67条

第二十三条　【向其他个人信息处理者提供个人信息】 个人信息处理者向其他个人信息处理者提供其处理的个人信息的，应当向个人告知接收方的名称或者姓名、联系方式、处理目的、处理方式和个人信息的种类，并取得个人的单独同意。接收方应当在上述处理目的、处理方式和个人

信息的种类等范围内处理个人信息。接收方变更原先的处理目的、处理方式的，应当依照本法规定重新取得个人同意。

条文注释

本条是关于向其他个人信息处理者提供个人信息的规定。

基于使用或者其他目的，向其他个人信息处理者提供个人信息，属于个人信息转移的情形之一，对个人信息权益影响重大，应予特别规制。考虑到从他人处获取个人信息通常很难向个人告知并取得个人同意，“告知—同意”规则的可操作性较差，因此本条从个人信息处理者对外提供个人信息的角度作出规制，包括以下内容：(1)个人信息处理者应当向个人告知接收方的名称或者姓名、联系方式、处理目的、处理方式和个人信息的种类，以保障个人的知情权；(2)向他人提供个人信息，应当取得个人的单独同意，不得与其他处理事项混同取得同意；(3)要求接收方在已告知的处理目的、处理方式和个人信息种类等范围内处理个人信息，如果接收方需要变更原先的处理目的、处理方式等，则接收方应当重新告知并取得个人的同意。

关联法规

《网络安全法》第42、44条

第二十四条 【利用个人信息进行自动化决策】个人信息处理者利用个人信息进行自动化决策，应当保证决策的透明度和结果公平、公正，不得对个人在交易价格等交易条件上实行不合理的差别待遇。

通过自动化决策方式向个人进行信息推送、商业营销，应当同时提供不针对其个人特征的选项，或者向个人提供便捷的拒绝方式。

通过自动化决策方式作出对个人权益有重大影响的决定，个人有权要求个人信息处理者予以说明，并有权拒绝个人信息处理者仅通过自动化决策的方式作出决定。

条文注释

本条是关于利用个人信息进行自动化决策的规定。

本法第 73 条中规定，自动化决策，是指通过计算机程序自动分析、评估个人的行为习惯、兴趣爱好或者经济、健康、信用状况等，并进行决策的活动。在大数据时代，利用个人信息进行自动化决策已成为个人信息利用的重要方式，并且对个人权益有较大影响，因此，本条对这个问题作出专门规定。

1. 利用个人信息进行自动化决策应当保证决策的透明度

相比于一般的个人信息处理，本法对自动化决策的透明度提出了更高的要求，保证自动化决策的透明度：(1)个人信息处理者应在事前主动告知个人信息处理是否存在自动化决策，自动化决策使用的个人信息种类，自动化决策的基本原理和逻辑机制，可能对个人产生的不利影响等；(2)依照本条第3款的规定，通过自动化决策的方式作出对个人权益有重大影响的决定，个人有权要求个人信息处理者向其作出解释说明。

2. 保证自动化决策结果的公平、公正

利用个人信息进行自动化决策，可能会有两个方面的因素影响结果的公平、公正：(1)因个人信息不准确、不完整，或者因自动化决策的算法模型客观上存在缺陷，影响自动化决策结果的公平、公正，对个人产生不利的影响；(2)人为操纵用于自动化决策的信息或算法模型，导致自动化决策对个人产生不利后果。因此，本法第55条将利用个人信息进行自动化决策作为一项高风险处理活动，要求个人信息处理者在事前进行影响评估。

3. 关于利用自动化决策进行信息推送、商业营销

为了维护个人对自动化决策的选择权和决定权，本条第2款规定，通过自动化决策方式向个人进行信息推送、商业营销，应当同时提供不针对其个人特征的选项，或者向个人提供便捷的拒绝方式。这一规定充分考虑了利用自动化决策方式进行信息推送、商业营销的不同场景，为个人信息处理者提供了两种选择：一种选择通常适用于信息展示的情况，个人信息处理者可在服务页面上同时展示针对个人特征的信息和非个人特征的信息，并作出明显区分或者提示，供个人选择；另一种选择是向个人提供拒绝针对其个人特征的选项，如果个人拒绝个性化推荐，个人信息处理者只能展示或

推送与其个人特征无关的信息。

4. 关于对个人权益有重大影响的自动化决策

本条第3款规定包括两层含义：(1)赋予个人对其权益有重大影响的自动化决策的要求解释权，这是个人知情权的体现，也是个人行使选择权和决定权的基础。(2)赋予个人要求对自动化决策进行人工干预的权利，即要求个人信息处理者对自动化决定进行人工干预，复核自动化决策结果是否基于准确、完整的个人信息公平、公正作出。同时，个人还可以要求个人信息处理者更正错误或不当的决策结果。

关联法规

《电子商务法》第18条；《个人信息保护法》第73条

第二十五条　【公开个人信息】个人信息处理者不得公开其处理的个人信息，取得个人单独同意的除外。

条文注释

本条是关于公开个人信息的规定。

由于公开个人信息对个人权益有重大影响，且通常情况下公开个人信息是不必要的。因此，本条原则上禁止个人信息处理者公开其处理的个人信息。与此同时，在有些情况下，个人为获取商业利益或社会影响等，有意愿通过个人信息处理者公开其个人信息。据此，本条规定经个人单独同意，个人信息处理者可以公开其处理的个人信息，以确保个人在充分了解相关情况的前提下作出明确、真实的授权。

另外，本法第13条对不需要同意处理个人信息的情形作了规定，如果个人信息处理者基于同意之外的其他合法性基础公开他人个人信息，不适用本条的规定。

第二十六条　【公共场所个人信息保护】在公共场所安装图像采集、个人身份识别设备，应当为维护公共安全所必需，遵守国家有关规定，并设置显著的提示标识。所收集的个人图像、身份识别信息只能用于维护公共安全的目的，不得用于其他目的；取得个人单独同意的除外。

条文注释

本条是关于公共场所个人信息保护的规定。

1. 公共场所

从场所用途角度看，公共场所，是指出于特定或不特定目的供公众进入或使用的场所。我国许多法律法规中使用了公共场所的概念。《公共场所卫生管理条例》第2条对公共场所作了比较详细的列举，包括：(1)宾馆、饭馆、旅店、招待所、车马店、咖啡馆、酒吧、茶座；(2)公共浴室、理发店、美容店；(3)影剧院、录像厅(室)、游艺厅(室)、舞厅、音乐厅；(4)体育场(馆)、游泳场(馆)、公园；(5)展览馆、博物馆、美术馆、图书馆；(6)商场(店)、书店；(7)候诊室、候车(机、船)室、公共交通工具。这些场所是典型的公共场所，但公共场所不限于这些类型。

2. 在公共场所安装图像采集、个人身份识别设备的条件

图像采集、个人身份识别设备包括摄像头、录像机、人脸识别等进行图像采集、显示、识别、存储等的设备。在公共场所安装上述设备，应当为维护公共安全所必需，遵守国家有关

关规定,设置显著的提示标识。

(1)应当为维护公共安全所必需。公共场所通常面临一定的公共安全风险,有关主管机关、公共场所的管理者或者经营者在公共场所安装图像采集、个人身份识别设备,通常是出于打击犯罪、治安防范等维护公共安全的目的。但是,有的组织或者个人出于私人利益甚至非法目的在公共场所安装监控设备,对他人合法权益、社会公共利益和国家治理秩序都造成威胁或者侵害。因此,本条强调在公共场所安装图像采集、个人身份识别设备应当为维护公共安全所必需。

(2)设置显著的提示标识。为了维护公共安全需要,在公共场所安装图像采集、个人身份识别设备,依法合理收集、利用个人信息,虽然不需要个人同意,但是应当设置显著的提示标识,让个人知道自己的信息被收集,这体现了对个人权益的尊重和保护。这种提示标识应当是显著的,包括标识安装的位置、标识的尺寸、标识的语言等应当确保进入该场所的人员可以很方便地了解和知悉该提示。需要注意的是,由于人脸识别设备处理的是个人生物特征信息,对其使用应当有更为严格的限制。

3. 在公共场所收集的个人信息的用途限制

(1)在公共场所安装图像采集、个人身份识别设备所收集的个人信息只能用于维护公共安全的目的,这是合目的原则的体现。公共场所的所有者、管理者不得为商业目的安装图像采集、个人身份识别设备,为维护公共安全目的收集的图像、个人信息也不得用于维护公共安全以外的目的,特别是商业营销。

(2)取得个人单独同意的,可以将相关信息用于维护公共安全以外的其他合法用途。个人信息处理者将通过在公共场所安装图像采集、个人身份识别设备所收集的个人信息用于维护公共安全以外的目的,相当于改变了法律要求的其收集个人信息的目的和用途,应当视为一项新的个人信息处理行为,按照本法规定,应当取得个人的同意。考虑到该项处理行为对个人权益有较大影响,本条强调应当取得个人单独同意。

关联法规

《最高人民法院关于审理使用人脸识别技术处理个人信息相关民事案件适用法律若干问题的规定》第2条

第二十七条　【已公开个人信息的处理】个人信息处理者可以在合理的范围内处理个人自行公开或者其他已经合法公开的个人信息;个人明确拒绝的除外。个人信息处理者处理已公开的个人信息,对个人权益有重大影响的,应当依照本法规定取得个人同意。

条文注释

本条是关于处理已公开的个人信息的规定。

已公开的个人信息是一类特殊的个人信息。信息传播有利于普及知识、促进社会交往与交流,推动人类文明进步,因此,对已公开的信息通常不应对其传播施加不必要的限制。如果对已公开的个人信息仍赋予个人强大的控制权,则与信息公共传播的价值导向相冲突。为了平衡公共利益与个人信息权益,本法将已公开的个人信息作为一类特殊的个人信息,作出特别规定。

1. 关于已公开的个人信息

公开个人信息主要包括个人自行公开、他人合法公开、他人非法公开。个人自行公开,是指个人通过网络、媒体等渠道主动将自己的个人信息向社会公开。他人合法公开自然人个人信息,是指他人经个人同意,或者基于本法第 13 条规定的同意之外的合法性基础公开个人信息。他人非法公开个人信息,是指他人在缺乏法律依据或者正当理由的情况下公开个人信息。本条将适用对象限于个人自行公开或者他人合法公开的个人信息。

2. 关于在合理的范围内处理

在合理范围内处理已公开的个人信息,可以从以下几方面理解和把握:(1)对已公开的个人信息,通常不需要征得个人同意即可进行处理。(2)如果个人对个人信息处理者的处理行为明确表示拒绝,则个人信息处理者不得再处理该公开的个人信息。(3)在合理范围内处理,不得违反法律法规的规定和公序良俗,不得对个人权益造成重大影响。例如,向已公开的电子邮箱发送大量信息,过度打扰私人生活安宁;利用已公开的个人信息进行人肉搜索;等等。如果处理已公开的个人信息具有合法、正当的目的,对个人权益有重大影响,个人信息处理者应当依照本法规定取得个人的同意。

关联法规

《民法典》第 1036 条

第二节 敏感个人信息的处理规则

第二十八条 【敏感个人信息的定义及处理条件】敏感个人信息是一旦泄露或者非法使用，容易导致自然人的人格尊严受到侵害或者人身、财产安全受到危害的个人信息，包括生物识别、宗教信仰、特定身份、医疗健康、金融账户、行踪轨迹等信息，以及不满十四周岁未成年人的个人信息。

只有在具有特定的目的和充分的必要性，并采取严格保护措施的情形下，个人信息处理者方可处理敏感个人信息。

条文注释

本条是关于敏感个人信息的定义以及处理敏感个人信息的基本条件的规定。

与一般的个人信息相比，敏感个人信息对个人更为重要，处理敏感个人信息对个人造成的影响也更大。

1. 关于敏感个人信息

本条将敏感个人信息界定为一旦泄露或者非法使用，容易导致自然人的人格尊严受到侵害或者人身、财产安全受到危害的个人信息。

根据本条规定，敏感个人信息包括：(1)生物识别信息，包括个人基因、指纹、声纹、掌纹、耳廓、虹膜、面部识别特征等信息。(2)宗教信仰信息，包括是否信仰宗教、信仰何种宗教等信息。(3)特定身份信息,是指对个人人格尊严和社会评价有重大影响的身份信息,特别是那些可能导致社会歧视的特定身份信息。(4)医疗健康信息,包括医疗就诊记录、生育信息、既往病史等信息。(5)金融账户信息,包括银行、证券等账户的账号、密码,账户余额和交易记录等信息。(6)行踪轨迹信息,包括个人所处地理位置、活动地点和活动轨迹等信息。(7)不满14周岁未成年人的个人信息。

2. 处理敏感个人信息的条件

处理敏感个人信息应当具备以下条件:

(1)处理敏感个人信息应当具有特定目的和充分的必要性。目的明确原则和最小化处理原则是个人信息处理应遵循的基本原则,本法第6条作了明确规定,处理敏感个人信息也应遵循上述原则。同时,本条还强调处理敏感个人信息应当与特定的目的密切相关,以非必要不处理为原则。对此应当结合个人信息处理者的身份,以及个人信息处理者所提供的商品或服务、履行的法定职责或法定义务等性质进行判断。例如,只有诊疗、体检、保险机构为特定目的才可以处理个人的医疗健康信息。

(2)处理敏感个人信息应当采取严格的保护措施。即个人信息处理者应当采取比处理一般个人信息更加严格的保护措施:一是,在技术、管理、应急等方面采取更严格的措施,保障敏感个人信息的安全;二是,应当根据本法第55条、第56条的规定,在事前进行个人信息保护影响评估,并对处理敏感个人信息的情况进行记录,以保证处理敏感个人信息的目的、方式是合法、正当、必要的,保障处理敏感个人信息流程合法、合规。

关联法规

《民法典》第1034、1035条

第二十九条　【处理敏感个人信息的同意】处理敏感个人信息应当取得个人的单独同意；法律、行政法规规定处理敏感个人信息应当取得书面同意的，从其规定。

条文注释

本条是关于处理敏感个人信息的同意的规定。

1. 处理敏感个人信息的单独同意

敏感个人信息对个人的影响较大，为了让个人更充分知悉其敏感个人信息被他人处理的情况，以及可能面临的风险等，进而慎重作出是否同意的决定，本条规定处理敏感个人信息应当取得个人单独同意，体现了对敏感个人信息的特殊保护。

取得单独同意的关键在于避免将处理敏感个人信息和一般个人信息时的告知、同意混淆在一起。个人信息处理者应当单独向个人履行告知义务，给予个人单独同意的选项。

2. 处理敏感个人信息的书面同意

考虑到敏感个人信息涉及个人的重大人身、财产利益，其他法律、行政法规对某些敏感个人信息的处理已作出需经个人书面同意的规定。据此，本条作了必要的衔接性规定，明确法律、行政法规规定处理敏感个人信息应当取得书面同意的，从其规定。

关联法规

《个人信息保护法》第13、14条；《最高人民法院关于审理使用人脸识别技术处理个人信息相关民事案件适用法律若干问题的规定》第2条

第三十条 【处理敏感个人信息的告知】个人信息处理者处理敏感个人信息的，除本法第十七条第一款规定的事项外，还应当向个人告知处理敏感个人信息的必要性以及对个人权益的影响；依照本法规定可以不向个人告知的除外。

条文注释

本条是关于处理敏感个人信息的告知的规定。

1. 处理敏感个人信息应当告知的内容

处理敏感个人信息，需要向个人告知的事项包括两方面内容：

(1)处理一般个人信息时应当告知的内容，在处理敏感个人信息时也应当告知。处理一般个人信息的告知事项在本法第17条第1款中作了规定，包括个人信息处理者的名称或者姓名和联系方式，个人信息的处理目的、处理方式，处理的个人信息种类、保存期限，个人行使本法规定权利的方式和程序等。

(2)处理敏感个人信息特殊的告知要求。处理敏感个人信息需要特别告知的事项，包括处理敏感个人信息的必要性以及对个人权益的影响。本法第28条规定处理敏感个人信息应当具备充分的必要性，处理敏感个人信息应当向个人告知处理该敏感个人信息与实现处理目的是密切相关的，是其他个人信息所不能替代的。对个人权益产生的影响，包括是

否会危害人身和财产安全、损害个人名誉等人格利益、导致歧视性差别待遇等。个人信息处理者应当按照本法第55条、第56条的规定进行个人信息保护影响评估，在评估结果的基础上，向个人告知处理敏感个人信息的必要性和对个人权益的影响，确保个人充分了解风险后作出决定。

2. 处理敏感个人信息不需向个人告知的情形

本法第18条和第35条关于不需向个人告知的情形适用于敏感个人信息的处理。本法第18条规定，个人信息处理者处理个人信息，有法律、行政法规规定应当保密或者不需要告知的情形的，可以不向个人告知第17条第1款规定的事项。紧急情况下为保护自然人的生命健康和财产安全无法及时向个人告知的，个人信息处理者应当在紧急情况消除后及时告知。本法第35条规定，国家机关为履行法定职责处理个人信息，应依法履行告知义务，有本法第18条第1款规定的情形，或者告知将妨碍国家机关履行法定职责的除外。处理敏感个人信息符合这些情形的，不需告知个人。

关联法规

《个人信息保护法》第17、18、35条

第三十一条 【未成年人个人信息的特别规定】个人信息处理者处理不满十四周岁未成年人个人信息的，应当取得未成年人的父母或者其他监护人的同意。

个人信息处理者处理不满十四周岁未成年人个人信息的，应当制定专门的个人信息处理规则。

条文注释

本条是关于处理不满14周岁未成年人个人信息的特别规定。

1. 未成年人个人信息特殊保护的年龄确定

未成年人属于无民事行为能力人或者限制民事行为能力人,但是随着互联网技术的广泛普及应用,未成年人也大量使用互联网服务,由此进行的个人信息处理对不同年龄段未成年人的影响是不同的。我国《未成年人保护法》《儿童个人信息网络保护规定》和国家推荐性标准《信息安全技术个人信息安全规范》(GB/T 35273－2020)都要求对不满14周岁未成年人个人信息予以特别保护。本法根据我国实际,将未满14周岁未成年人个人信息作为敏感个人信息,予以特别保护。

2. 处理不满14周岁未成年人个人信息应取得监护人同意

由于不满14周岁的未成年人对其个人信息处理缺乏相应的认知和自主作出决定的能力,需要由其监护人代为行使同意权。因此,本条第1款规定,个人信息处理者处理不满14周岁未成年人个人信息的,应当取得未成年人的父母或者其他监护人的同意。

3. 制定专门的个人信息处理规则

只有充分了解不满14周岁未成年人个人信息处理的规则,包括处理目的、处理方式、处理的必要性以及处理的个人信息种类、所采取的保护措施等,未成年人的父母或者其他监护人才有可能代替未成年人作出是否同意的决定。因此,本条第2款规定,个人信息处理者处理不满14周岁未成年人个人信息的，应当制定专门的个人信息处理规则，该处理规则不能与其他个人信息的处理规则混淆，其内容应当符合本法规定。专门针对不满 14 周岁未成年人的个人信息处理规则，应当公开并且便于查阅和保存。

关联法规

《个人信息保护法》第 29、30 条；《未成年人保护法》第 72 条；《儿童个人信息网络保护规定》第 8、9 条；《最高人民法院关于审理使用人脸识别技术处理个人信息相关民事案件适用法律若干问题的规定》第 2 条

第三十二条　【与其他法律、行政法规的衔接性规定】 法律、行政法规对处理敏感个人信息规定应当取得相关行政许可或者作出其他限制的，从其规定。

条文注释

本条是关于法律、行政法规限制处理敏感个人信息的衔接性规定。

敏感个人信息种类多样、处理场景比较复杂，本法关于敏感个人信息的特别保护，主要是从限制处理目的及必要性、提高告知同意的要求等方面作出规定的。其他法律、行政法规可以根据敏感个人信息的种类、处理敏感个人信息可能产生的风险和危害等，通过设定行政许可或者其他条件，对处理敏感个人信息作出更加严格的限制。

关联法规

《未成年人保护法》第 72 条；《网络安全法》第 22 条

第三节 国家机关处理个人信息的特别规定

第三十三条 【国家机关处理个人信息的法律适用】国家机关处理个人信息的活动，适用本法；本节有特别规定的，适用本节规定。

条文注释

本条是关于国家机关处理个人信息适用法律的规定。

在信息化时代，国家机关是重要的个人信息处理者，在履行职责过程中需要处理大量个人信息。加强个人信息保护，既要规范企业等私主体处理个人信息的行为，也要规范国家机关处理个人信息的行为。因此，需要从以下两个层面理解本条：

(1)我国《个人信息保护法》是全面、系统规定个人信息保护制度的专门法律。本法关于个人信息保护的立法精神、基本原则和基本制度等可以同时适用于企业等商业主体和国家机关。国家机关处理个人信息，应当按照本法的规定，遵循个人信息保护基本原则，遵守个人信息处理规则，尊重和保障个人的相关权益，履行个人信息处理者的义务。

(2)考虑到国家机关的特殊性，在规定国家机关适用本法一般性规则的基础上，本节对国家机关处理个人信息作了特别规定。在这些特别规定中，有的是相对宽松的，例如，在特定条件下不需告知个人，这主要是为了确保国家机关有效履行法定职责。有的较为严格，例如，国家机关处理的个人信息应当在境内存储，这主要是因为国家机关处理的个人信息关系国家安全、公共利益，需要进行更严格的限制。

关联法规

《民法典》第1034、1039条

第三十四条 【国家机关处理个人信息的要求】国家机关为履行法定职责处理个人信息，应当依照法律、行政法规规定的权限、程序进行，不得超出履行法定职责所必需的范围和限度。

条文注释

本条是关于国家机关处理个人信息的权限与程序的规定。

国家机关为履行法定职责所必需而处理个人信息，通常不需要取得个人的同意。当然，国家机关基于本法第13条规定的其他合法性基础，也可以处理个人信息。

国家机关为履行法定职责处理个人信息，应当遵守本法和其他法律、行政法规的规定。国家机关处理个人信息应当遵守本法规定的个人信息处理原则和规则等规定，履行个人信息保护义务，保障个人信息权益。同时，应当遵守其他法律、行政法规对国家机关处理个人信息权限和程序的规定，不得超出履行法定职责所必需的范围和限度。例如，《刑事诉讼法》规定，对于危害国家安全犯罪、恐怖活动犯罪、黑社会性质的组织犯罪、重大毒品犯罪或者其他严重危害社会的犯罪案件,可以采取技术侦查措施。

关联法规

《民法典》第1035、1039条;《数据安全法》第38条

第三十五条 【国家机关处理个人信息的告知】国家机关为履行法定职责处理个人信息,应当依照本法规定履行告知义务;有本法第十八条第一款规定的情形,或者告知将妨碍国家机关履行法定职责的除外。

条文注释

本条是关于国家机关处理个人信息告知义务的规定。

国家机关因履行法定职责而处理个人信息的场景比较复杂,有的应当告知个人,有的不需要告知个人,有的还需要对个人严格保密。本条对应当告知以及不需告知的情形作了规定。

1. 国家机关处理个人信息应依法告知个人

根据本法第7条的规定,处理个人信息应当遵循公开、透明原则,公开个人信息处理规则,明示处理的目的、方式和范围。本法第17条还对处理个人信息应当告知的事项作了具体规定。国家机关为履行法定职责处理个人信息,也应当依照本法规定履行告知义务。比较常见的是,国家机关在为公民提供公共服务的过程中,应当告知当事人需要提交的个人信息的范围、用途等事项。例如,公民在申请社会救助时,需要提交个人经济状况证明或者委托民政部门查询其财产

情况。

2. 不需告知个人的情形

根据本条规定,在以下情况下,国家机关处理个人信息不需告知个人:(1)根据本法第18条第1款的规定,法律、行政法规规定应当保密或者不需要告知的,不需告知。(2)如果告知将妨碍国家机关履行法定职责,不需告知。例如,司法机关根据侦查犯罪的需要,有权依法查询犯罪嫌疑人的相关金融账户,还可以采取技术侦查措施,如果告知当事人,将会导致这些措施的目的无法实现,因此不应当告知。告知是否会妨碍国家机关履行法定职责,应当结合国家机关履行职责的性质和个人信息处理行为对个人的影响综合判断。

关联法规

《个人信息保护法》第17条;《网络安全法》第41、42条;《数据安全法》第32、38条

第三十六条 【国家机关处理个人信息的境内存储和向境外提供】国家机关处理的个人信息应当在中华人民共和国境内存储;确需向境外提供的,应当进行安全评估。安全评估可以要求有关部门提供支持与协助。

条文注释

本条是关于国家机关处理的个人信息境内存储和向境外提供需进行安全评估的规定。

1. 国家机关处理的个人信息应当在境内存储

国家机关处理的个人信息涉及经济社会运行的各个方

面，不仅关系个人信息权益，还关系国家安全、经济安全等国家利益，本条要求国家机关处理的个人信息在我国境内存储，是保护个人合法权益、维护国家安全和社会公共利益的需要。

2. 国家机关向境外提供个人信息的安全评估

国家机关处理的个人信息确需向境外提供的，应当进行安全评估。与国家机关以外的其他个人信息处理者向境外提供个人信息的安全评估不同，本条未要求该安全评估需由国家网信部门来组织。因此，国家机关向境外提供个人信息的安全评估，既可以由该国家机关自行评估，也可以委托专业机构进行评估，还可以请求有关部门提供支持与协助。

关联法规

《个人信息保护法》第 40 条；《网络安全法》第 37 条；《征信业管理条例》第 24 条

第三十七条　【具有公共事务管理职能的组织的适用】 法律、法规授权的具有管理公共事务职能的组织为履行法定职责处理个人信息，适用本法关于国家机关处理个人信息的规定。

条文注释

本条是关于具有公共事务管理职能的组织处理个人信息的规定。

法律、法规授权的具有管理公共事务职能的组织不是行政机关，但行使管理公共事务的职权。根据《行政许可法》

《行政处罚法》《行政强制法》等法律的规定，法律、法规授权的具有管理公共事务职能的组织在法定授权范围内，有权以自己的名义实施行政许可、行政处罚、行政强制等行政行为。这些组织根据法律、法规的授权，履行管理公共事务的法定职责，在性质上等同于国家机关，其处理个人信息的活动也应当适用本法关于国家机关处理个人信息的规定。

关联法规

《数据安全法》第43条

第三章　个人信息跨境提供的规则

第三十八条　【向境外提供个人信息的条件】个人信息处理者因业务等需要，确需向中华人民共和国境外提供个人信息的，应当具备下列条件之一：

（一）依照本法第四十条的规定通过国家网信部门组织的安全评估；

（二）按照国家网信部门的规定经专业机构进行个人信息保护认证；

（三）按照国家网信部门制定的标准合同与境外接收方订立合同，约定双方的权利和义务；

（四）法律、行政法规或者国家网信部门规定的其他条件。

中华人民共和国缔结或者参加的国际条约、协定对向中华人民共和国境外提供个人信息的条件等有规定的，可以按照其规定执行。

个人信息处理者应当采取必要措施，保障境外接收方处理个人信息的活动达到本法规定的个人信息保护标准。

条文注释

本条是关于向境外提供个人信息的条件的规定。

随着经济全球化、数字化的发展以及我国对外开放的不断扩大，个人信息跨境流动日益频繁，其带来的风险日益增多。对个人信息跨境流动进行适当限制，是确保个人信息安全的一种方式，本条对此进行了规定。

1. 向境外提供个人信息需要满足的条件

个人信息处理者具备下列条件之一的，方可向中华人民共和国境外提供个人信息：

(1)依照本法第40条的规定通过国家网信部门组织的安全评估。本法第40条规定的安全评估，是关键信息基础设施、特定数量的信息处理者向境外提供个人信息时应当进行的安全评估。

(2)按照国家网信部门的规定经专业机构进行个人信息保护认证。该认证应当由专业机构实施，具体认证办法需要由国家网信部门作出规定。

(3)按照国家网信部门制定的标准合同与境外接收方订立合同，约定双方的权利和义务。国家网信部门应当及时制定并公布标准合同，确保该规定的施行。

(4)法律、行政法规或者国家网信部门规定的其他条件。

法律、行政法规或者国家网信部门可以在上述三种条件之外，结合个人信息的种类、个人信息出境的具体情形等规定其他条件。

需要注意的是，本条规定并非要求向境外提供个人信息必须同时满足上述全部条件，而是满足其中一个条件即可。

2. 根据国际条约、协定向境外提供个人信息

个人信息跨境流动影响国际经贸往来等国际交往，是数字时代国际经贸和投资谈判的重点问题。本条规定，我国缔结或者参加的国际条约、协定对向境外提供个人信息的条件等有规定的，可以按照其规定执行，为我国根据实际需要与有关国家和地区达成规则、实现标准互认等提供了法律支撑，有利于丰富我国的个人信息跨境流动机制，满足我国参与国际交流和国际经贸往来的需要。

3. 确保境外接收方达到我国法律的保护标准

个人信息处理者向境外提供个人信息，除了自己要履行我国法律法规等规定的个人信息保护义务，还应当采取必要措施，保障境外接收方处理个人信息的活动达到我国《个人信息保护法》规定的个人信息保护标准。(1)个人信息处理者应当了解和掌握境外接收方的情况，特别是接收方是否具有必要的个人信息保护能力。(2)个人信息处理者应当将我国法律对个人信息保护的要求告知境外接收方，要求境外接收方采取相应的保护措施，满足我国法律的要求。(3)可以采取签订协议、核查等方式有效监督境外接收方切实履行个人信息保护义务。

需要说明的是，向境外提供个人信息，应当依照本法第

55条、第56条的规定进行个人信息保护影响评估，其中的向境外提供个人信息的必要性，以及能否保障境外接收方处理个人信息的活动达到本法规定的个人信息保护标准，是评估的重要内容。

关联法规

《个人信息保护法》第36、40条；《网络安全法》第37条；《数据安全法》第31条

第三十九条 【向境外提供个人信息的告知同意】个人信息处理者向中华人民共和国境外提供个人信息的，应当向个人告知境外接收方的名称或者姓名、联系方式、处理目的、处理方式、个人信息的种类以及个人向境外接收方行使本法规定权利的方式和程序等事项，并取得个人的单独同意。

条文注释

本条是关于向境外提供个人信息的告知同意的规定。

个人信息处理者向境外提供个人信息，除了需要符合本法第38条规定的相关条件外，还应当根据本条规定，向个人告知相关事项并取得个人的单独同意。

1. 向境外提供个人信息的告知

根据本条规定，个人信息处理者向境外提供个人信息应当履行告知义务，告知的内容包括：境外接收方的名称或者姓名、联系方式、处理目的、处理方式、个人信息的种类以及个人向境外接收方行使本法规定权利的方式和程序等事项。

同时,根据本法第30条的规定,如向境外提供的是敏感个人信息,还应当告知个人向境外提供敏感个人信息的必要性以及对个人权益的影响。

2. 向境外提供个人信息的同意

由于向境外提供个人信息可能会增加个人信息被滥用的风险,并且增加个人行使权利的成本,因此本条要求个人信息处理者向境外提供个人信息,应当取得个人的单独同意。

本条规定的单独同意,适用于基于同意而进行的个人信息处理情形。根据本法第13条的规定,如果向境外提供个人信息是基于其他合法性基础,则不需取得个人的同意。

关联法规

《个人信息保护法》第14~16条

第四十条 【境内存储及向境外提供的安全评估】关键信息基础设施运营者和处理个人信息达到国家网信部门规定数量的个人信息处理者,应当将在中华人民共和国境内收集和产生的个人信息存储在境内。确需向境外提供的,应当通过国家网信部门组织的安全评估;法律、行政法规和国家网信部门规定可以不进行安全评估的,从其规定。

条文注释

本条是关于个人信息境内存储及向境外提供的安全评估的规定。

1. 应当在境内存储个人信息的主体

根据本条规定,应当将个人信息在我国境内存储的信息处理者分为两类：关键信息基础设施运营者和处理个人信息达到国家网信部门规定数量的个人信息处理者。

关于关键信息基础设施运营者。根据《网络安全法》第31条的规定，关键信息基础设施是指那些一旦遭到破坏、丧失功能或者数据泄露，可能严重危害国家安全、国计民生、公共利益的重要网络设施和系统，包括但不限于公共通信和信息服务、能源、交通、水利、金融、公共服务、电子政务等重要行业和领域。

本法在《网络安全法》的基础上，增加规定处理个人信息达到国家网信部门规定数量的个人信息处理者也应当将个人信息存储在境内，这主要是考虑到其处理的个人信息数量大，涉及众多个人的权益、国家利益和社会公共利益。关于处理个人信息数量的具体标准，由国家网信部门规定。

2. 向境外提供个人信息的安全评估

对于确需向境外提供个人信息的，应当通过国家网信部门组织的安全评估。关键信息基础设施运营者和其他应当在境内存储个人信息的个人信息处理者涉及多个行业和领域，国家网信部门应当及时组织制定个人信息出境的安全评估办法，保证安全评估工作依法顺利进行。同时，考虑到关键信息基础设施运营者等向境外提供个人信息的需求和场景多样，为了满足一些特殊情形下个人信息出境的客观需要，本条规定，法律、行政法规和国家网信部门可以对不需进行安全评估的例外情形作出规定。

关联法规

《网络安全法》第31、37条；《数据安全法》第31条；《征

信业管理条例》第24条

第四十一条　【处理境外机构关于提供境内个人信息的请求】中华人民共和国主管机关根据有关法律和中华人民共和国缔结或者参加的国际条约、协定，或者按照平等互惠原则，处理外国司法或者执法机构关于提供存储于境内个人信息的请求。非经中华人民共和国主管机关批准，个人信息处理者不得向外国司法或者执法机构提供存储于中华人民共和国境内的个人信息。

条文注释

本条是关于如何处理外国司法或者执法机构获取存储于境内个人信息的请求的规定。

本法对于如何处理外国司法或者执法机构要求提供存储于我国境内的个人信息的请求作了规定：由有关主管机关根据有关法律和我国缔结或者参加的国际条约、协定来处理。(1)对于外国提出的刑事司法协助的请求，应当依照刑事司法协助条约的规定提出请求书，没有条约或者条约没有规定的应当在请求书中载明有关事项并附相关材料，请求应当向我国对外联系机关提出，对外联系机关在收到外国的请求后应当依法进行审查，符合要求的转送有关机关处理。(2)对于民事诉讼方面的请求，应当依照我国缔结或者参加的国际条约、协定所规定的途径进行，没有条约关系的通过外交途径进行。(3)对于有关行政执法方面的请求，目前在反洗钱、税收方面有相关的国际条约、协定，在证券监管等领域我国与有关国家签订了行政执法合作方面的协议。

无论是国际司法协助，还是国际行政执法协助，依照我国法律和有关国际条约、协定，均应通过有关主管机关进行。据此本条还特别强调，非经中华人民共和国主管机关批准，个人信息处理者不得向外国司法或者执法机构提供存储于中华人民共和国境内的个人信息。

关联法规

《国际刑事司法协助法》第4条；《民事诉讼法》第284条；《数据安全法》第36条；《网络安全法》第37条

第四十二条　【限制或禁止向境外提供个人信息】境外的组织、个人从事侵害中华人民共和国公民的个人信息权益，或者危害中华人民共和国国家安全、公共利益的个人信息处理活动的，国家网信部门可以将其列入限制或者禁止个人信息提供清单，予以公告，并采取限制或者禁止向其提供个人信息等措施。

条文注释

本条是关于限制或禁止向境外提供个人信息的规定。

1. 对境外的组织、个人从事侵害我国公民个人信息权益或者危害我国国家安全、公共利益的个人信息处理活动，应当依法追究法律责任

(1)本法第3条第2款规定了在境外处理我国境内自然人个人信息的活动适用本法的三种情形，符合这些情形的境外组织、个人应当严格遵守本法规定处理我国境内自然人的

个人信息；违反本法规定处理个人信息的，应当依照本法有关规定追究其相应的法律责任。

(2)境外的组织、个人在境外处理我国境内自然人个人信息的活动，如不具有本法第3条第2款规定的情形，《涉外民事关系法律适用法》规定，消费者合同，适用消费者经常居所地法律；侵权责任，适用侵权行为地法律；通过网络或者采取其他方式侵害姓名权、肖像权、名誉权、隐私权等人格权的，适用被侵权人经常居所地法律。据此，境外的组织、个人从事侵害我国公民个人信息权益的行为，可以依照上述法律规定追究其民事责任。

我国《刑法》第8条规定，外国人在我国领域外对我国国家或者公民犯罪，而按该法规定的最低刑为3年以上有期徒刑的，可以适用该法，但是按照犯罪地的法律不受处罚的除外。据此，境外的组织、个人在我国境外从事侵害我国公民个人信息权益或者危害我国国家安全、公共利益的个人信息处理活动，构成犯罪的，应当依法追究其刑事责任。

2. 对境外组织、个人采取限制或者禁止等措施

对于境外的组织、个人从事侵害中华人民共和国公民的个人信息权益，或者危害中华人民共和国国家安全、公共利益的个人信息处理活动，除了可以依法追究其法律责任外，还可以根据本条规定，由国家网信部门将其列入限制或者禁止个人信息提供清单，予以公告，并采取限制或者禁止向其提供个人信息等措施。

第四十三条 【对等采取措施】任何国家或者地区在个人信息保护方面对中华人民共和国采取歧视性的禁止、限制或者其他类似措施的，中华人民共和国可以根据实际情况对该国家或者地区对等采取措施。

关联法规

《对外贸易法》第7条；《外商投资法》第40条；《海警法》第79条；《出口管制法》第48条；《反外国制裁法》第3条第2款；《数据安全法》第26条

第四章 个人在个人信息处理活动中的权利

第四十四条 【个人在个人信息处理活动中权利的总括性规定】个人对其个人信息的处理享有知情权、决定权，有权限制或者拒绝他人对其个人信息进行处理；法律、行政法规另有规定的除外。

条文注释

本条是关于个人在个人信息处理活动中权利的总括性规定。

本法将知情权、决定权作为个人在个人信息处理活动中的基础性、概括性权利。其中，知情权包括处理个人信息前的告知、要求个人信息处理者公开处理规则，以及本章规定的查阅、复制权和规则解释说明权等权利。决定权包括对个人信息处理的同意权、拒绝权、同意的撤回权，以及本章规定的可携带权，更正、补充权，删除权等权利。当然，个人在个人信息处理活动中的权利不是绝对的，法律、行政法规可以作出限制。

第四十五条　【查阅、复制权和可携带权】个人有权向个人信息处理者查阅、复制其个人信息；有本法第十八条第一款、第三十五条规定情形的除外。

个人请求查阅、复制其个人信息的，个人信息处理者应当及时提供。

个人请求将个人信息转移至其指定的个人信息处理者，符合国家网信部门规定条件的，个人信息处理者应当提供转移的途径。

条文注释

本条是关于个人查阅、复制权和可携带权的规定。

1. 查阅、复制权

查阅、复制权，是指个人有权查阅其个人信息被处理的情况，并有权对处理的个人信息进行复制。查阅、复制权是公开透明原则和个人知情权的体现。

依据本条第 1 款的规定，个人查阅、复制的是其个人信息。根据处理个人信息应遵循的公开、透明原则，个人应有权知晓其个人信息被处理的相关情况，据此上述规定中的个人信息应作广义的理解，尤其是查阅的内容。如国家推荐性标准《信息安全技术个人信息安全规范》(GB/T 35273－2020)将可查询的内容明确为：个人信息控制者所持有的个人信息或个人信息的类型；个人信息的来源、所用于的目的；已经获得个人信息的第三方身份或类型。

查阅、复制权是公开、透明原则和知情权的体现，是告知规则的延续。同样，查阅、复制权也受到告知规则类似的限制。据此，本条第1款援引了本法关于告知规则的相关规定，对查阅、复制权的限制作了规定：(1)有本法第18条第1款的规定，即有法律、行政法规规定应当保密或者不需要告知的情形；(2)有本法第35条的规定，即告知将妨碍国家机关履行法定职责的情形。

2. 可携带权

可携带权，是指在符合一定的条件下，个人有请求将个人信息处理者处理的其个人信息转移至其他个人信息处理者的权利。赋予个人对其个人信息的可携带权，有两方面的意义：(1)增强个人对其个人信息的控制权；(2)减少大型互联网企业利用市场优势地位对用户的"锁定效应"，改善竞争环境，促使企业提升产品和服务质量。

互联网行业的产品和服务种类众多，不同经营者使用的技术系统和数据格式普遍存在差异，可携带权的实施需要具备必要的技术条件。此外，需要转移的数据中可能涉及其他自然人的信息，可携带权的行使可能存在侵害他人权利的风险。基于上述原因和有关国家、地区的立法和实践，应对可携带权的行使设置一定的限制条件，本条将这一权力赋予国家网信部门。

关联法规

《民法典》第1037条;《电子商务法》第24条

第四十六条　【更正、补充权】个人发现其个人信息不准确或者不完整的,有权请求个人信息处理者更正、补充。

个人请求更正、补充其个人信息的,个人信息处理者应当对其个人信息予以核实,并及时更正、补充。

条文注释

本条是关于更正、补充权的规定。

更正、补充权,是指个人有请求个人信息处理者对不准确、不全面、不及时的个人信息进行更正与补充的权利。本法第8条规定,处理个人信息应当保证个人信息的质量,避免因个人信息不准确、不完整对个人权益造成不利影响。赋予个人对其个人信息的更正、补充权,是个人信息质量原则的要求。尤其是在信用报告等涉及个人重大权益时,赋予个人更正、补充权尤为重要。更正权针对的是个人信息存在错误的情形;补充权针对的是个人信息有遗漏或未及时更新的情形。

依照本条第2款的规定,对于个人更正、补充其个人信息的请求,个人信息处理者应当及时进行回应。(1)应当对该申请人的个人信息予以核实,以确定是否存在不准确、不完整的情形,必要时可要求申请人提供相关材料。(2)在申请人的个人信息存在不准确、不完整的情形时,应当及时予以更正、补充;不存在不准确、不完整的情形时,应当向申请人说明拒绝的理由。

关联法规

《网络安全法》第43条;《民法典》第1037条;《电子商务法》第24条;《征信业管理条例》第25条

第四十七条 【删除权】有下列情形之一的,个人信息处理者应当主动删除个人信息;个人信息处理者未删除的,个人有权请求删除:

(一)处理目的已实现、无法实现或者为实现处理目的不再必要;

(二)个人信息处理者停止提供产品或者服务,或者保存期限已届满;

(三)个人撤回同意;

(四)个人信息处理者违反法律、行政法规或者违反约定处理个人信息;

(五)法律、行政法规规定的其他情形。

法律、行政法规规定的保存期限未届满,或者删除个人信息从技术上难以实现的,个人信息处理者应当停止除存储和采取必要的安全保护措施之外的处理。

条文注释

本条是关于删除权的规定。

删除权,是指个人在法定或约定的事由出现时,请求个人信息处理者删除其个人信息的权利。删除权是个人实现对其个人信息控制的重要权利。

根据本条第 1 款的规定,删除权适用的情形包括:

(1)处理目的已实现、无法实现或者为实现处理目的不再必要。这是本法第 6 条目的明确原则的具体体现。当个人信息处理者对个人信息的处理已完成其目的,或者因解散、被宣告破产等原因处理目的已经无法实现,或者根据情况变化个人信息的处理已不再必要时,个人信息处理者应当主动删除相关个人信息,或者在个人提出请求时及时删除相关个人信息。

(2)个人信息处理者停止提供产品或者服务,或者保存期限已届满。个人信息处理者停止提供产品或服务,既包括个人信息处理者主动停止提供产品或服务,也包括个人主动终止接受产品和服务。例如,个人注销互联网服务、应用账号等。保存期限已届满,包括法律规定的保存期限届满和当事人约定的保存期限届满。在法律没有规定且当事人没有约定的情况下,依照本法第 19 条的规定,个人信息的保存期限应当为实现处理目的所必要的最短时间。

(3)个人撤回同意。本法第 15 条第 1 款规定,基于个人同意处理个人信息的,个人有权撤回其同意。个人撤回同意的,个人信息处理者应当主动或者应个人的请求删除其个人信息。

(4)个人信息处理者违反法律、行政法规或者违反约定处理个人信息。个人信息处理者违反法律、行政法规处理个人信息的行为本身就具有违法性,违反约定的处理行为违背了其自身的承诺和个人的意愿,所处理的个人信息应当予以删除。

(5)除上述四种情形外，法律、行政法规还可能规定其他应当删除个人信息的情形。

本条第2款还对不得行使删除权的情形作了规定，这主要是考虑在有些情形下个人信息事关社会公共利益，法律、行政法规对其保存规定了相应的期限。另外，在信息技术广泛普及应用的情形下，有时从物理上彻底删除个人信息难以实现。据此，本条规定了不适用删除权的两种情形：一是法律、行政法规规定的保存期限未届满；二是删除个人信息从技术上难以实现。同时，符合上述情形的，个人信息处理者可以不删除个人信息，但对上述信息应当妥善保存，并采取相应的安全保护措施，不得再对该个人信息进行利用等处理行为。

关联法规

《网络安全法》第43条；《民法典》第1037条

第四十八条 【解释说明权】个人有权要求个人信息处理者对其个人信息处理规则进行解释说明。

条文注释

本条是关于个人信息处理规则解释说明权的规定。

个人信息处理规则通常以隐私政策或者合同条款的形式，由个人信息处理者单方制定。《民法典》第496条第2款规定，采用格式条款订立合同的，提供格式条款的一方应当遵循公平原则确定当事人之间的权利和义务，并采取合理的方式提示对方注意免除或者减轻其责任等与对方有重大利害关系的条款，按照对方的要求，对该条款予以说明。提供格式条款的一方未履行提示或者说明义务，致使对方没有注意或者理解与其有重大利害关系的条款的，对方可以主张该条款不成为合同的内容。赋予个人请求解释说明的权利与《民法典》关于合同格式条款相关规定的精神是一致的。

个人信息处理者应当按照本法规定，提供便捷的方式和途径接受、处理个人关于个人信息处理规则解释说明的请求；接到个人的请求后，应当在合理的时间内，使用通俗易懂的语言，对其个人信息处理规则作出解释说明。

关联法规

《民法典》第 496 条第 2 款

第四十九条　【死者个人信息保护】 自然人死亡的，其近亲属为了自身的合法、正当利益，可以对死者的相关个人信息行使本章规定的查阅、复制、更正、删除等权利；死者生前另有安排的除外。

条文注释

本条是关于死者个人信息保护的规定。

随着信息技术的普及，个人信息的处理日益广泛，自然人个人信息承载的民事权益的范围和类型变得极为复杂，既可能记载个人的动产或不动产信息，也可能成为著作权和商业秘密、虚拟财产等财产权的客体，还可能承载着自然人的姓名权、肖像权、隐私权等人格权益。因此，虽然死者已丧失了民事权利能力和民事行为能力，但保护其个人信息对维护死者的人格权益以及其近亲属的合法权益具有重要意义。

据此，本条适应信息技术发展和个人信息处理日益广泛的现实情况，借鉴有关国家的立法，并在《民法典》有关规定的基础上，确立了死者个人信息保护的制度规则，明确死者的近亲属可以对死者的个人信息行使查阅、复制、更正、删除等权利，死者的近亲属行使上述权利是为了其自身的合法、正当利益，主要是为遗产继承了解死者的相关财产信息，或者为维护死者名誉、隐私等人格权益。当然，死者可以在生前根据其意愿对其死后个人信息的有关事务作出安排，包括允许特定的近亲属行使、授权遗产管理人行使，或者禁止他人代为处置等，对此应予以尊重。

关联法规

《民法典》第994条

第五十条　【个人行使权利保障】个人信息处理者应当建立便捷的个人行使权利的申请受理和处理机制。拒绝个人行使权利的请求的，应当说明理由。

个人信息处理者拒绝个人行使权利的请求的，个人可以依法向人民法院提起诉讼。

条文注释

本条是关于个人行使权利保障的规定。

1. 申请受理和处理机制

个人在个人信息处理活动中的权利行使需要个人信息处理者的主动配合才能实现，因此本条对个人信息处理者响应个人行使其权利的请求提出了以下要求：(1)要求个人信息处理者建立申请受理机制，包括提出申请的方式、接受申请的机构或者个人、提出申请时应提交的材料、受理个人申请的反馈等;(2)建立申请处理机制,包括受理申请后处理申请的机构或人员、处理流程、处理结果的反馈等;(3)要求个人信息处理者的申请受理和处理机制应当便捷,不得设置不合理的障碍;(4)要求个人信息处理者拒绝个人行使权利的请求时,应当说明理由。

2. 个人行使权利争议的诉讼

本章规定了个人在个人信息处理活动中的权利,当这些权利无法实现时寻求司法救济是应有之义,否则法律规定的权利将会落空。当个人行使其权利的请求被个人信息处理者拒绝时,个人有权依照本条第2款和有关法律规定,向人民法院提起诉讼。这里所说的拒绝个人行使其权利的请求,既包括个人信息处理者以口头或者书面方式作出拒绝的意思表示,也包括个人信息处理者在合理的期限内不对个人的请求作出回复。

关联法规

《网络安全法》第49条

第五章 个人信息处理者的义务

第五十一条 【个人信息处理者合规保障义务】个人信息处理者应当根据个人信息的处理目的、处理方式、个人信息的种类以及对个人权益的影响、可能存在的安全风险等,

采取下列措施确保个人信息处理活动符合法律、行政法规的规定,并防止未经授权的访问以及个人信息泄露、篡改、丢失:

(一)制定内部管理制度和操作规程;

(二)对个人信息实行分类管理;

(三)采取相应的加密、去标识化等安全技术措施;

(四)合理确定个人信息处理的操作权限,并定期对从业人员进行安全教育和培训;

(五)制定并组织实施个人信息安全事件应急预案;

(六)法律、行政法规规定的其他措施。

条文注释

本条是关于个人信息处理者合规保障义务的规定。

个人信息处理者是个人信息保护的第一责任人,有义务采取必要的措施确保其个人信息处理活动符合本法和有关法律法规的规定,并保障个人信息安全,切实保护个人信息权益。

1. 制定内部管理制度和操作规程

内部管理制度是个人信息处理者制定的,有关个人信息保护的组织架构、人员配备、行为规范、管理责任等规则。操作规程是个人信息处理者制定的,有关人员在个人信息处理及相关业务活动中应当遵守的程序和步骤。个人信息处理者应当依照法律法规的规定,制定内部管理制度和操作规程,确定个人信息保护负责人,明确岗位职责,建立工作流程，完善内控制度，保障个人信息处理合规与安全。

2. 对个人信息实行分类管理

个人信息分类管理要求个人信息处理者根据个人信息的种类、来源、敏感程度、用途等，对个人信息进行分类，采取有针对性的管理措施或安全技术措施。

3. 采取相应的加密、去标识化等安全技术措施

加密，是指通过加密算法和密钥将明文信息转变为密文信息，从而实现信息的保密性。去标识化，是指个人信息经过处理，使其在不借助额外信息的情况下无法识别特定自然人的过程。个人信息处理者能够使用其掌握的其他信息与去标识化信息结合识别个人身份，因此，相对于个人信息处理者来说，去标识化信息仍属于个人信息。采取加密、去标识化等技术处理，可以降低或者消除个人信息的可识别性，减少个人信息在处理过程中未经授权的访问及滥用的风险。

4. 合理确定个人信息处理的操作权限，并定期对从业人员进行安全教育和培训

在个人信息处理活动中，通常需要个人信息处理者的不同部门和不同工作人员参与其中，为了确保个人信息处理的合规性，特别是防止个人信息被非法访问、滥用或者泄露，应当遵循非必要不处理的原则，要求个人信息处理者合理确定个人信息的操作和审批权限，形成分工合理、监督有效的工作机制。这里所说的操作权限，主要包括有关人员查阅、复制、传输个人信息的操作权限等。

定期对从业人员进行安全教育和培训，是增强从业人员个人信息保护意识和提高处理水平的必然要求，个人信息处

理者应当结合自身实际，制订教育培训计划，明确教育培训的对象、方式、频率、内容等。这里所说的从业人员，既包括与个人信息处理有关的操作人员，也包括管理人员和其他业务人员。

5. 制定并组织实施个人信息安全事件应急预案

个人信息处理活动可能会面临系统漏洞、计算机病毒、网络攻击和入侵以及内部人员误操作等多种安全风险，导致个人信息被篡改、损毁或者泄露等安全事件的发生。为了有效应对、处置个人信息安全事件，保障个人信息的安全，本条要求个人信息处理者制定个人信息安全事件应急预案。个人信息处理者应当结合自身业务的实际，对个人信息安全风险进行系统评估并作出预测，提出应对个人信息安全事件的指导思想、基本策略，组织机构、人员、技术、物资保障，指挥处置程序、应急和支持措施等，制定预案，使个人信息安全事件应急处置工作有章可循、有据可依。应急预案通常应当包括有关各方的分工和责任、安全风险的主要场景、各类安全事件的判断方法和流程、应急处置操作流程、应急处置过程中的关键状态以及不同状态的沟通和报告内容及等级、可采取的补救措施及业务恢复步骤程序等。

制定个人信息安全事件应急预案后，个人信息处理者还应切实加强实施应急预案的相关工作，包括对相关人员进行应急预案培训，定期对应急预案进行演练，并根据演练情况或者在业务、处理系统发生变化时及时对原有的应急预案重新评估、修改完善。在发生个人信息安全事件时，个人信息处理者应当立即启动应急预案，根据应急预案采取相应的措施，及时查明影响范围，分析、确定事件原因，提出防止危害扩大的措施和方案并组织实施，将危害造成的损失降低到最小。此外，因个人信息安全事件导致或者可能导致个人信息泄露、篡改、丢失的，个人信息处理者还应当按照本法第57条的规定履行向有关主管部门和个人通知的义务。

6. 法律、行政法规规定的其他措施

法律、行政法规规定的其他保障个人信息处理合规及个人信息安全的措施主要包括：(1)本法规定的个人信息保护影响评估、定期合规审计、个人信息出境安全评估及认证等；(2)《网络安全法》和《数据安全法》关于保障网络运行安全、数据安全的措施，如按照网络安全等级保护制度的要求，采取防范计算机病毒和网络攻击、网络侵入等危害网络安全行为的技术措施；(3)其他法律、行政法规对特殊类型个人信息处理所要求的措施；(4)本法后续配套法规细化的保障措施。

关联法规

《民法典》第111条、第1038条第2款；《个人信息保护法》第9条；《消费者权益保护法》第29条第2款；《网络安全法》第21条、第42条第2款

第五十二条　【个人信息保护负责人】处理个人信息达到国家网信部门规定数量的个人信息处理者应当指定个人信息保护负责人，负责对个人信息处理活动以及采取的保护措施等进行监督。

个人信息处理者应当公开个人信息保护负责人的联系

方式，并将个人信息保护负责人的姓名、联系方式等报送履行个人信息保护职责的部门。

条文注释

本条是关于个人信息保护负责人的规定。

1. 个人信息保护负责人的指定与职责

本条对个人信息保护负责人的设立条件采取了数量标准，达到国家网信部门规定数量的个人信息处理者应当指定个人信息保护负责人，具体数量标准由国家网信部门规定。

关于个人信息保护负责人的职责，本条概括为：负责对个人信息处理活动以及采取的保护措施等进行监督。即个人信息保护负责人并不具体负责个人信息处理，而是在个人信息处理者内部对个人信息活动的合规性进行监督。

2. 个人信息保护负责人相关信息的公开

根据本条第2款的规定，个人信息处理者应当公开个人信息保护负责人的联系方式，以方便个人行使其权利和投诉，接受社会监督。同时，个人信息处理者还应将个人信息保护负责人的姓名、联系方式等报送履行个人信息保护职责的部门，以方便监管部门与个人信息处理者之间的联系沟通，提高监督执法效率。

关联法规

《网络安全法》第21条；《数据安全法》第27条

第五十三条　【境外个人信息处理者设立专门机构或指定代表】本法第三条第二款规定的中华人民共和国境外的个人信息处理者，应当在中华人民共和国境内设立专门机构或者指定代表，负责处理个人信息保护相关事务，并将有关机构的名称或者代表的姓名、联系方式等报送履行个人信息保护职责的部门。

条文注释

本条是关于境外的个人信息处理者在境内设立专门机构或指定代表的规定。

本法第3条第2款赋予了本法必要的域外适用效力，规定在我国境外处理境内自然人个人信息的活动，有下列情形之一的，适用本法：(1)以向境内自然人提供产品或者服务为目的；(2)分析、评估境内自然人的行为；(3)法律、行政法规规定的其他情形。为了保证具有上述情形的境外个人信息处理者按照本法规定从事个人信息处理活动，维护境内自然人的个人信息权益，应有必要的途径和监督执行机制。

本条借鉴有关国家和地区的立法，要求境外个人信息处理者在境内设立专门机构或者指定代表，代表其负责在我国境内的个人信息保护事务。其主要职责应包括：监督个人信息处理者处理境内自然人个人信息的活动符合我国法律规定、达到我国的保护标准；响应境内自然人行使权利的请求；代表境外个人信息处理者接受履行个人信息保护职责的部门依法实施的监督检查；等等。上述专门机构，可以由境外的个人信息处理者委派人员组成，也可以委托境内机构担任；上述专门人员，可以由境外的个人信息处理者委派，也可以在境内自然人中指定。同时，个人信息处理者应当将上述机构的名称或者代表的姓名、联系方式等报送履行个人信息保护职责的部门，保证本条规定的落实。

关联法规

《药品管理法》第38、136条

第五十四条　【合规审计义务】个人信息处理者应当定期对其处理个人信息遵守法律、行政法规的情况进行合规审计。

条文注释

本条是关于合规审计义务的规定。

按照本条规定，个人信息处理者可以根据自身情况和需要，确定合规审计的时间、频次等，以及是由内部机构还是委托外部专业机构进行合规审计。有关主管部门应当及时制定出台个人信息保护合规审计指引或标准，指导、督促个人信息处理者开展个人信息保护合规审计活动。

第五十五条　【个人信息保护影响评估的情形】有下列情形之一的，个人信息处理者应当事前进行个人信息保护影响评估，并对处理情况进行记录：

（一）处理敏感个人信息；

（二）利用个人信息进行自动化决策；

（三）委托处理个人信息、向其他个人信息处理者提供个人信息、公开个人信息；

（四）向境外提供个人信息；

（五）其他对个人权益有重大影响的个人信息处理活动。

条文注释

本条是关于个人信息保护影响评估的情形的规定。

1. 个人信息保护影响评估

个人信息保护影响评估，又称隐私保护影响评估或者数据保护影响评估，是侧重于事前防范的个人信息保护措施，主要对具有较高风险的特定个人信息处理行为进行动态风险管理。

本条及本法第56条在总结有关法律实践经验的基础上，借鉴一些国家和地区的做法，对个人信息保护影响评估制度作了系统性规定。其中，本条对个人信息处理者应进行个人信息保护影响评估的情形作了规定，包括：处理敏感个人信息；利用个人信息进行自动化决策；委托处理个人信息、向其他个人信息处理者提供个人信息、公开个人信息；向境外提供个人信息；其他对个人权益有重大影响的个人信息处理活动。

2. 高风险个人信息处理活动的记录

本条在要求个人信息处理者对这些高风险个人信息处理活动进行影响评估的同时，还要求对这些处理活动进行记录。对个人信息处理活动进行记录，有助于证明个人信息处理活动是否符合合规要求，也有助于在发生纠纷或者个人信息安全事件时发现、查找原因并明确责任人，是本法第9条责任原则的体现。个人信息处理者对个人信息处理活动的记录，应当采取书面形式，包括纸质形式、电子形式等。

关联法规

《网络安全法》第38条；《数据安全法》第30条

第五十六条 【个人信息保护影响评估内容】个人信息保护影响评估应当包括下列内容：

（一）个人信息的处理目的、处理方式等是否合法、正当、必要；

（二）对个人权益的影响及安全风险；

（三）所采取的保护措施是否合法、有效并与风险程度相适应。

个人信息保护影响评估报告和处理情况记录应当至少保存三年。

条文注释

本条是关于个人信息保护影响评估内容的规定。

1. 个人信息保护影响评估的内容

（1）个人信息的处理目的、处理方式等是否合法、正当、必要。这既包括个人信息处理是否遵守了本法规定的基本原则，也包括是否遵循了以“告知—同意”为核心的个人信息处理规则，还包括针对敏感个人信息和特殊处理环节所提出的要求。评估的重点是分析个人信息处理活动的合法性、正当性和必要性。

(2)对个人权益的影响及安全风险。个人信息承载着广泛的人身和财产权利，个人信息处理活动对个人信息权益的影响可能是多方面的，个人信息保护影响评估应当分析对个人权益可能造成的损害或者损害的风险。

本条所说的安全风险，是指发生个人信息泄露、篡改、丢失等安全事件的风险，特别是个人信息在收集、存储、传输等过程中因网络攻击、侵入、干扰、破坏或者疏于内部管理，导致个人信息的完整性、保密性和可用性面临的威胁和风险。

(3)所采取的保护措施是否合法、有效并与风险程度相适应。主要是评估所采取的管理措施和技术措施，是否符合法律、行政法规以及网络安全等级保护制度等的要求，与潜在的安全风险程度是否相匹配，主要目标是确保个人信息的安全处于总体可控的状态下。如果经评估认为所采取的保护措施不能覆盖可能出现的安全风险，应及时对保护措施进行更新和改进。

2. 个人信息保护影响评估报告和处理情况记录的保存期限

考虑到个人信息保护影响评估报告和处理情况记录可能会被用于有关争议纠纷的处理，并且《民法典》规定的向人民法院请求保护民事权利的诉讼时效期间一般为 3 年。据此，本条将个人信息保护影响评估报告和处理情况记录的保存期限确定为 3 年。当然，其他法律还可以对这一期限作出特别规定。

第五十七条 【个人信息安全事件补救和通知义务】发生或者可能发生个人信息泄露、篡改、丢失的，个人信息处理者应当立即采取补救措施，并通知履行个人信息保护职责的部门和个人。通知应当包括下列事项：

（一）发生或者可能发生个人信息泄露、篡改、丢失的信息种类、原因和可能造成的危害；

（二）个人信息处理者采取的补救措施和个人可以采取的减轻危害的措施；

（三）个人信息处理者的联系方式。

个人信息处理者采取措施能够有效避免信息泄露、篡改、丢失造成危害的，个人信息处理者可以不通知个人；履行个人信息保护职责的部门认为可能造成危害的，有权要求个人信息处理者通知个人。

条文注释

本条是关于个人信息处理者对个人信息安全事件补救和通知义务的规定。

1. 个人信息安全事件的补救

在发生或者可能发生个人信息泄露、篡改、丢失情况时，个人信息处理者应当立即启动个人信息安全事件应急预案，及时查明个人信息安全事件的影响、范围和可能造成的危害，分析、确定事件发生的原因，提出防止危害扩大的措施和方案并组织实施，将个人信息安全事件可能造成的损失和可能产生的危害风险降低到最小。

2. 个人信息安全事件的通知义务

个人信息安全事件的危害具有社会性，其处置和危害的消除仅凭个人信息处理者的能力可能很难实现，需要有关主管部门和个人采取必要措施防止危害的发生和扩散。据此，本条要求在发生或可能发生信息安全事件时，应及时通知履行个人信息保护职责的部门和个人，使部门能够及时了解情况并准确有效地采取相应处置监管措施，个人能够及时采取措施减少对自己的不利影响。个人信息处理者可以根据事件紧急和重要情况，采取邮件、信函、电话、推送通知等方式及时通知。难以逐一告知的，应采取合理、有效的方式发布与公众有关的警示信息。

通知的事项包括：(1)发生或者可能发生个人信息泄露、篡改、丢失的信息种类、原因和可能造成的危害。即哪些个人信息已经或者可能泄露、篡改或者丢失，个人信息安全事件对个人权益已造成或者可能造成哪些危害，个人信息安全事件的发生是由个人信息处理者内部原因还是网络攻击、网络入侵等外部原因引起的。(2)个人信息处理者采取的补救措施和个人可以采取的减轻危害的措施。通常个人信息处理者采取的补救措施包括更改系统密码、调整访问权限、修补系统漏洞、提升安全防护措施，通知有关机构对被泄露的个人信息采取删除、阻断传播措施等。个人信息处理者还应当为个人提供可由个人实施的应对措施，如更改账户密码、防范可能出现的非法利用等。(3)个人信息处理者的联系方式。向有关主管部门提供联系方式，有助于有关主管部门了解相关情况并及时采取必要措施；向个人告知联系方式，有助于个人了解相关情况并向个人信息处理者寻求相关帮助。

考虑到个人信息泄露、篡改、丢失的情况各有不同，有些对个人可能造成的危害较轻，个人信息处理者只要及时采取必要措施就能够避免对个人造成损害，在此情况下通知的成本和效益不匹配，还可能因频繁通知带来负面影响。据此，本条第 2 款规定，个人信息处理者采取措施能够有效避免信息泄露、篡改、丢失造成危害的，个人信息处理者可以不通知个人。同时，为了避免随意性以及个人信息处理者因自身原因不具备识别危害的能力产生危害扩大等后果，本条规定，履行个人信息保护职责的部门认为可能造成危害的，有权要求个人信息处理者通知个人。

关联法规

《民法典》第 1038 条第 2 款；《网络安全法》第 21 条第 3 项、第 42 条第 2 款；《全国人民代表大会常务委员会关于加强网络信息保护的决定》第 4 条

第五十八条　【大型互联网平台个人信息保护特别义务】提供重要互联网平台服务、用户数量巨大、业务类型复杂的个人信息处理者，应当履行下列义务：

（一）按照国家规定建立健全个人信息保护合规制度体系，成立主要由外部成员组成的独立机构对个人信息保护情况进行监督；

（二）遵循公开、公平、公正的原则，制定平台规则，明确平台内产品或者服务提供者处理个人信息的规范和保护个

人信息的义务；

（三）对严重违反法律、行政法规处理个人信息的平台内的产品或者服务提供者，停止提供服务；

（四）定期发布个人信息保护社会责任报告，接受社会监督。

条文注释

本条是关于大型互联网平台个人信息保护特别义务的规定。

根据本条规定，提供重要互联网平台服务、用户数量巨大、业务类型复杂的个人信息处理者在个人信息保护方面的特别义务包括：

(1)按照国家规定建立健全个人信息保护合规制度体系，成立主要由外部成员组成的独立机构对个人信息保护情况进行监督。这里的“外部成员”，应当是除在该组织担任个人信息保护监督职务外不担任其他任何职务，且不存在其他可能影响其独立判断和执行职务的因素的人员，类似上市公司的独立监事、外部董事。同时，外部成员应当具备相应的专业知识、能力和经验。由外部成员组成的机构应当独立于组织的经营管理机构以及监督机构，其职责是对个人信息处理者的个人信息保护情况进行监督，不承担个人信息保护具体事务。

(2)遵循公开、公平、公正的原则，制定平台规则，明确平台内产品或者服务提供者处理个人信息的规范和保护个人信息的义务。提供互联网平台服务的个人信息处理者，通常与平台内的商业用户通过平台协议的方式，明确平台内商业用户处理个人信息的相关事项以及平台与平台内商业用户共享交换个人信息的相关事项。本条第2项要求大型互联网平台应当遵循公开、公平、公正的原则，制定平台规则，合理确定双方的权利义务和责任，并通过平台规则明确监督平台内产品或者服务提供者处理个人信息的规范和保护个人信息的义务，并监督平台内产品或者服务提供者遵守平台规则，履行个人信息保护义务。

(3)对严重违反法律、行政法规处理个人信息的平台内的产品或者服务提供者，停止提供服务。《网络安全法》等法律要求互联网平台采取必要措施处置利用其平台服务进行的违法信息传播。与此精神一致，本条要求大型互联网平台发挥监督作用，对严重违反法律、行政法规处理个人信息的平台内的产品或者服务提供者，停止提供服务。

(4)定期发布个人信息保护社会责任报告，接受社会监督。企业社会责任是企业在严格履行法定义务的基础上，自愿承担的对利益相关者以及社会公共利益的责任。个人信息处理者依照本法和有关法律法规的规定，负有个人信息保护法定义务，同时也应当在法定义务和标准的基础上为企业持续健康发展和社会公共利益而不断提高个人信息保护水平。为推动形成全社会共同努力提高个人信息保护水平的良好氛围，本条要求大型互联网平台定期发布个人信息保护社会责任报告，接受社会监督。

关联法规

《民法典》第1197条；《网络安全法》第47、48条；《电子商务法》第9条第2款

第五十九条 【个人信息处理受托人的义务】接受委托处理个人信息的受托人，应当依照本法和有关法律、行政法规的规定，采取必要措施保障所处理的个人信息的安全，并协助个人信息处理者履行本法规定的义务。

条文注释

本条是关于个人信息处理受托人的个人信息保护义务的规定。

受托人虽然是按照个人信息处理者的委托处理个人信息，其处理个人信息的活动同样对个人权益有重大影响，应承担相应的义务。

本条规定，个人信息处理受托人的义务包括两个方面：(1)保障个人信息安全的义务，主要是指本法和《网络安全法》等法律规定的采取必要组织措施和技术措施，保障所处理个人信息的完整性、保密性、可用性的义务。根据本法第21条的规定，在委托处理个人信息的活动中，个人信息处理者应当对个人信息的合法合规性以及个人信息处理的后果承担责任，因此本条没有将个人信息处理的合规保障义务赋予受托人。(2)协助个人信息处理者履行个人信息保护义务，主要包括协助个人信息处理者履行合规保障义务、保障个人信息安全的义务、响应个人行使权利请求的义务、个人信息安全事件处置和报告义务等。

关联法规

《数据安全法》第40条

第六章　履行个人信息保护职责的部门

第六十条　【个人信息保护职责分工】国家网信部门负责统筹协调个人信息保护工作和相关监督管理工作。国务院有关部门依照本法和有关法律、行政法规的规定，在各自职责范围内负责个人信息保护和监督管理工作。

县级以上地方人民政府有关部门的个人信息保护和监督管理职责，按照国家有关规定确定。

前两款规定的部门统称为履行个人信息保护职责的部门。

条文注释

本条是关于个人信息保护职责分工的规定。

本条在有关法律、行政法规规定和现行部门职责划分的基础上，对个人信息保护职责分工作了规定：(1)突出国家网信部门作为国家网络安全和信息化的统筹协调部门，负责统筹协调个人信息保护工作，本法第62条对其统筹协调职责作了具体规定。(2)明确国务院有关部门按照职责分工，负责个人信息保护和监督管理相关工作。(3)考虑到地方政府部门的设置及其职责与中央部门有所不同，本条对地方政府有关部门的个人信息保护职责分工未作具体规定。(4)从立法技术上将国家层面和地方层面承担个人信息保护和监督管理职责的部门统称为履行个人信息保护职责的部门。

为保证本法有效实施，提高个人信息保护的协同性和效率，有关方面应当根据本法和有关规定，明确个人信息保护职责划分，完善个人信息保护工作体制。

关联法规

《网络安全法》第8条

第六十一条　【个人信息保护职责】履行个人信息保护职责的部门履行下列个人信息保护职责：

（一）开展个人信息保护宣传教育，指导、监督个人信息处理者开展个人信息保护工作；

（二）接受、处理与个人信息保护有关的投诉、举报；

（三）组织对应用程序等个人信息保护情况进行测评，并公布测评结果；

（四）调查、处理违法个人信息处理活动；

（五）法律、行政法规规定的其他职责。

条文注释

本条是关于个人信息保护职责的规定。

1. 开展个人信息保护宣传教育，指导、监督个人信息处理者开展个人信息保护工作

加强个人信息保护宣传教育，普及个人信息保护知识，增强全社会个人信息保护意识，是个人信息保护工作的基础。履行个人信息保护职责的部门应当采取人民群众喜闻乐见的形式，通过网络、电视、广播、报纸杂志、自媒体等多种媒介，广泛开展个人信息保护宣传教育活动，特别是要针对

个人信息保护工作中反映较为集中、社会高度关注的问题加大宣传教育力度，普及个人信息保护法律知识，展示常见违法处理行为及识别、防范手段，推动公众不断提高个人信息保护意识和能力，营造全社会共同参与的个人信息保护良好氛围。

履行个人信息保护职责的部门应当通过业务培训、技术咨询、行政指导等方式，指导个人信息处理者建立有效的个人信息保护合规体系，提升个人信息保护技术水平，降低各类个人信息处理活动的风险水平，通过日常监督检查等多种方式，督促个人信息处理者加强个人信息保护工作，及时发现问题和风险隐患并督促整改。

2. 接受、处理与个人信息保护有关的投诉、举报

履行个人信息保护职责的部门应当公开接受投诉、举报的方式，完善投诉、举报处理程序，建立方便、快捷的投诉、举报处理机制。对属于本部门职责的，收到投诉、举报后，应当根据投诉、举报的内容、性质等依法、及时作出处理。对不属于本部门职责的，收到投诉、举报的部门应当及时移送有权处理的部门，接收移送的部门也应当在规定的时限内依法及时处理，不能相互推诿、拖延塞责。

3. 组织对应用程序等个人信息保护情况进行测评，并公布测评结果

当前，移动互联网 App 数量巨大，正逐步成为各类企业提供服务的主要方式以及收集个人信息的主要途径。对 App 处理个人信息的情况进行测评，能够及时发现 App 是否存在违法违规处理个人信息等问题。为落实应用程序的开

发者、运营者的个人信息保护义务，履行个人信息保护职责的部门应当定期组织对应用程序收集、使用个人信息的情况进行测评，对发现的问题应当要求有关个人信息处理者及时整改，并向社会公布测评结果。对应用程序处理个人信息情况进行测评，可以根据情况组织有关专业机构、专业人员参加，也可以委托有关第三方专业测评机构进行。

4. 调查、处理违法个人信息处理活动

履行个人信息保护职责的部门应当根据日常监督检查发现的线索和投诉、举报提供的线索，依照法定程序对涉嫌违法处理个人信息的活动进行调查，并根据调查结果及时作出处理。

5. 法律、行政法规规定的其他职责

本条对履行个人信息保护职责部门的主要职责作了规定，本法还对国家网信部门的统筹协调职责、个人信息的出境安全评估等职责作了规定，其他法律、行政法规还可能对履行个人信息保护职责部门的其他职责作出规定。履行个人信息保护职责的部门应当依照本法和其他有关法律、行政法规的规定，切实履行法定职责，加强个人信息保护工作，维护公民、组织的合法权益。

关联法规

《网络安全法》第56条

第六十二条 【国家网信部门统筹协调职责】国家网信部门统筹协调有关部门依据本法推进下列个人信息保护工作：

（一）制定个人信息保护具体规则、标准；

（二）针对小型个人信息处理者、处理敏感个人信息以及人脸识别、人工智能等新技术、新应用，制定专门的个人信息保护规则、标准；

（三）支持研究开发和推广应用安全、方便的电子身份认证技术，推进网络身份认证公共服务建设；

（四）推进个人信息保护社会化服务体系建设，支持有关机构开展个人信息保护评估、认证服务；

（五）完善个人信息保护投诉、举报工作机制。

条文注释

本条是关于国家网信部门统筹协调职责的规定。

1. 制定个人信息保护具体规则、标准

国家网信部门作为负责统筹协调个人信息保护工作的部门，本条授权其根据本法组织制定个人信息保护具体规则、标准。目前，国家网信部门已经出台了《儿童个人信息网络保护规定》《常见类型移动互联网应用程序必要个人信息范围规定》《App违法违规收集使用个人信息行为认定方法》等多部规章、规范性文件，推动标准化主管部门制定了《信息安全技术个人信息安全规范》（GB/T 35273－2020）、《信息安全技术个人信息安全影响评估指南》（GB/T 39335－

2020)等标准。

2. 针对小型个人信息处理者、处理敏感个人信息以及人脸识别、人工智能等新技术、新应用,制定专门的个人信息保护规则、标准

对于一些特殊类型的个人信息处理者、个人信息处理活动以及一些尚在发展阶段的相关技术和应用涉及的个人信息处理,还应当结合其具体特点,制定专门的个人信息保护规则和标准等制度规范,本条对此提出了明确要求。(1)与大型个人信息处理者相比,小型个人信息处理者处理个人信息的数量少、处理活动相对简单,且在专业人才、技术能力和资金水平等方面都相对较弱,需要适当减轻其合规成本。因此,本条授权国家网信部门就小型个人信息处理者制定相关规则,在充分保护个人信息的前提下,对这类主体的个人信息保护义务作出有针对性的规定。(2)敏感个人信息一旦泄露或者被非法使用,极易导致自然人的人格尊严受到侵害或者人身、财产安全受到危害,因此,本法对处理敏感个人信息作了严格限制。为了充分保护人民群众的个人信息权益,需要由国家网信部门根据本法规定,针对处理敏感个人信息的不同情形制定更加具体的规范,为敏感个人信息保护提供更有针对性、更加有效的保护。(3)当前人脸识别、人工智能等新技术、新应用不断涌现,在服务经济社会发展、方便人民群众生产生活的同时,也对个人信息保护工作提出了新挑战,需要由国家网信部门统筹协调有关部门探索本法规定的个人信息保护原则、规则在新技术、新应用中的实施规范,及时制定相关的专门规则、标准。

3. 支持研究开发和推广应用安全、方便的电子身份认证技术，推进网络身份认证公共服务建设

个人的真实身份信息对个人有重大影响，一旦被滥用或泄露将产生重大风险，应予特别保护。实现网络身份可信，减少对身份证号码等身份信息的使用，从而创造可信、安全的数字环境，对于保护个人信息权益、促进数字化发展具有重要意义。要求国家网信部门发挥统筹协调职能，支持研究开发和推广应用安全、方便的电子身份认证技术，推进网络身份认证公共服务建设，为加强个人信息保护和信息技术发展应用提供支撑。

4. 推进个人信息保护社会化服务体系建设，支持有关机构开展个人信息保护评估、认证服务

借助专业服务机构对个人信息处理者处理个人信息的风险、遵守个人信息保护法律法规的情况、采取个人信息安全保护措施的有效性等进行评估、认证，有利于提高个人信息处理活动的透明度、规范性和个人信息保护措施的合法性、有效性。本法有关条款对个人信息保护影响评估、向境外提供个人信息的安全评估和认证、合规审计等作了规定，这些评估、认证、审计需要专业服务机构来进行。为进一步促进个人信息保护社会化服务的发展，发挥其提高个人信息保护水平方面的积极作用，本条要求国家网信部门统筹协调有关主管部门推进个人信息保护社会化服务体系建设，支持有关机构开展个人信息保护评估、认证服务。

5. 完善个人信息保护投诉、举报工作机制

本法第 61 条中规定了履行个人信息保护职责的部门接

受、处理与个人信息保护有关的投诉、举报的职责。为了便利社会公众对违法处理个人信息的活动进行投诉、举报，根据提高行政效率的要求，本条要求国家网信部门统筹协调有关主管部门完善个人信息保护投诉、举报工作机制，通过建立统一的投诉、举报平台，畅通社会公众投诉、举报的渠道，规范投诉、举报受理、处理程序。

第六十三条　【监督检查措施和当事人配合义务】履行个人信息保护职责的部门履行个人信息保护职责，可以采取下列措施：

（一）询问有关当事人，调查与个人信息处理活动有关的情况；

（二）查阅、复制当事人与个人信息处理活动有关的合同、记录、账簿以及其他有关资料；

（三）实施现场检查，对涉嫌违法的个人信息处理活动进行调查；

（四）检查与个人信息处理活动有关的设备、物品；对有证据证明是用于违法个人信息处理活动的设备、物品，向本部门主要负责人书面报告并经批准，可以查封或者扣押。

履行个人信息保护职责的部门依法履行职责，当事人应当予以协助、配合，不得拒绝、阻挠。

条文注释

本条是关于监督检查措施和当事人配合义务的规定。

1. 履行个人信息保护职责的部门可以采取的措施

履行个人信息保护职责的部门实施日常监督检查，以及对涉嫌违法处理个人信息的活动进行调查时，可以依据本条的规定采取相应的措施。主要有以下措施：

（1）询问有关当事人，调查与个人信息处理活动有关的情况。本项措施主要是针对实施日常监督检查作出的。询问、调查当事人的范围通常应限于个人信息处理者及其工作人员，询问、调查的方式是要求当事人提供有关情况并对有关情况作出解释说明，同时根据当事人提供的情况进行核实。履行个人信息保护职责的部门应制作询问、调查笔录，并由当事人签名或者盖章，询问、调查不得限制或者变相限制当事人的人身自由。

（2）查阅、复制当事人与个人信息处理活动有关的合同、记录、账簿以及其他有关资料。与个人信息处理活动有关的合同、记录、账簿等资料能够反映处理个人信息的数量、种类、目的和采取的保护措施，以及向其他组织或个人转移个人信息和获利等情况。通过查阅、复制上述资料，能够有效查明个人信息处理者履行个人信息保护义务的情况，以及是否存在违法处理个人信息的行为。需要注意的是，查阅和复制的文件资料必须与调查事项有关，不得扩大查阅和复制的范围。

（3）实施现场检查，对涉嫌违法的个人信息处理活动进行调查。现场检查，是指进入个人信息处理者的工作和经营场所，对有关人员进行询问，对有关文件资料、设备物品等进行检查。对实施日常监督检查以及根据投诉、举报获取的违法线索，履行个人信息保护职责的部门应当依法进行调查，查明违法个人信息处理活动的性质、危害以及相关当事人的责任，并获取必要的证据，为依法作出处罚决定提供依据。

(4)检查、查封、扣押有关设备、物品。个人信息处理者的设备、物品对其生产经营活动有较大影响，其工作人员的有关设备、物品可能还会涉及个人隐私。因此，本条第1款第4项规定履行个人信息保护职责的部门采取查封、扣押措施时应当慎重：一是，应当评估查封、扣押措施是否为《行政强制法》规定的制止违法行为、防止证据毁损、避免危害发生、控制危险扩大所必需；二是，查封、扣押措施应限于确有证据证明被用于违法处理个人信息活动的设备、物品；三是，采取查封、扣押措施必须向本部门主要负责人书面报告并经批准；四是，采取查封、扣押措施后，应当及时查清事实，作出处理决定，发现采取查封、扣押措施不当的，应当立即解除。

2. 有关当事人的配合义务

对个人信息处理活动进行监督检查，并对涉嫌违法处理个人信息的活动进行调查处理，是履行个人信息保护职责的部门的法定职责，而配合、协助履行个人信息保护职责的部门依法履职是有关当事人的法定义务。履行个人信息保护职责的部门依法履行职责，采取本条规定的措施，相关当事人应当如实提供有关情况和材料，配合检查和调查，不得拒绝或者阻碍。

关联法规

《行政强制法》第18、19、24、25条

第六十四条 【监管约谈、强制合规审计和涉嫌犯罪案件移送】履行个人信息保护职责的部门在履行职责中，发现个人信息处理活动存在较大风险或者发生个人信息安全事件的，可以按照规定的权限和程序对该个人信息处理者的法定代表人或者主要负责人进行约谈，或者要求个人信息处理者委托专业机构对其个人信息处理活动进行合规审计。个人信息处理者应当按照要求采取措施，进行整改，消除隐患。

履行个人信息保护职责的部门在履行职责中，发现违法处理个人信息涉嫌犯罪的，应当及时移送公安机关依法处理。

条文注释

本条是关于个人信息保护的监管约谈、强制合规审计和涉嫌犯罪案件移送的规定。

1. 个人信息保护的监管约谈

履行个人信息保护职责的部门可以针对以下两种情形采取约谈措施：一是发现个人信息处理活动存在较大风险；二是发生个人信息安全事件。约谈的对象主要是个人信息处理者的法定代表人或者主要负责人，他们是个人信息处理者内部承担个人信息保护责任的主体。约谈应当按照规定的权限和程序进行，约谈的内容主要包括：了解、掌握个人信息处理者开展个人信息处理活动和采取个人信息保护措施的基本情况；分析评估个人信息处理活动存在的风险或者个人信息安全事件发生的原因、性质以及可能造成的危害；提出消除风险或者处置个人信息安全事件的监管措施。

2. 个人信息保护强制合规审计

当个人信息处理者的个人信息处理活动存在较大风险或者发生个人信息安全事件时，除按照规定的权限和程序对有关个人信息处理者的负责人进行约谈外，履行个人信息保护职责的部门还可以要求有关个人信息处理者委托专业机构对其个人信息处理活动进行合规审计。强制外部审计的作用在于，利用外部审计机构的独立地位，以及专业知识和经验，对个人信息处理者处理个人信息是否遵守本法规定的个人信息保护原则和规则，所采取的管理措施和技术措施对保护个人信息是否有效等进行评估、审查，督促个人信息处理者提升个人信息处理活动的合法合规水平和个人信息保护能力。履行个人信息保护职责的部门根据合规审计情况可以对个人信息处理者采取进一步的监管措施。

3. 涉嫌犯罪案件的移送

履行个人信息保护职责的部门在查处违法个人信息处理活动中，可能遇到有关违法活动涉嫌犯罪的情况，超出了履行个人信息保护职责的部门的职权范围，应由犯罪案件侦查机关依法处理。根据《行政处罚法》的规定，违法行为构成犯罪的，应当依法追究刑事责任，不得以行政处罚代替刑事处罚。这里所说的“涉嫌犯罪”，是指根据已有证据，能够初步认定违法处理个人信息的活动已经达到《刑法》规定的犯罪构成要件。履行个人信息保护职责的部门发现涉嫌犯罪行为的，应当及时移送公安机关依法处理。

关联法规

《刑法》第253条之一;《最高人民法院、最高人民检察院关于办理侵犯公民个人信息刑事案件适用法律若干问题的解释》

第六十五条　【对违法个人信息处理活动的投诉、举报】任何组织、个人有权对违法个人信息处理活动向履行个人信息保护职责的部门进行投诉、举报。收到投诉、举报的部门应当依法及时处理,并将处理结果告知投诉、举报人。

履行个人信息保护职责的部门应当公布接受投诉、举报的联系方式。

条文注释

本条是关于对违法个人信息处理活动进行投诉、举报的规定。

本条对组织、个人投诉、举报个人信息违法处理活动作了规定。本条中的"任何组织、个人"既包括合法权益受到侵害的组织和个人,也包括没有受到侵害但是掌握相关情况、线索的组织和个人。

接到投诉、举报的部门应当按照规定的程序和权限及时处理,对不属于本部门职责范围的,应当及时移送有关部门处理,并应当向投诉、举报人回复、反馈处理情况,保障投诉、举报制度的有效性;同时向社会公开接受投诉、举报的联系方式,并通过适当形式对投诉、举报联系方式进行宣传,方便人民群众投诉、举报违法处理个人信息的活动。接受、处理投诉、举报的部门还应当对投诉、举报人的身份信息和投诉、举报的内容等予以严格保密，不得泄露。

关联法规

《网络安全法》第14条；《数据安全法》第12条

第七章　法律责任

第六十六条　【违法处理个人信息的行政处罚】违反本法规定处理个人信息，或者处理个人信息未履行本法规定的个人信息保护义务的，由履行个人信息保护职责的部门责令改正，给予警告，没收违法所得，对违法处理个人信息的应用程序，责令暂停或者终止提供服务；拒不改正的，并处一百万元以下罚款；对直接负责的主管人员和其他直接责任人员处一万元以上十万元以下罚款。

有前款规定的违法行为，情节严重的，由省级以上履行个人信息保护职责的部门责令改正，没收违法所得，并处五千万元以下或者上一年度营业额百分之五以下罚款，并可以责令暂停相关业务或者停业整顿、通报有关主管部门吊销相关业务许可或者吊销营业执照；对直接负责的主管人员和其他直接责任人员处十万元以上一百万元以下罚款，并可以决定禁止其在一定期限内担任相关企业的董事、监事、高级管理人员和个人信息保护负责人。

条文注释

本条是关于违法处理个人信息以及处理个人信息未依法履行个人信息保护义务的行政处罚的规定。

1.本条规定的违法行为

本条未一一列举违法处理个人信息的行为，而是采用概括式叙述。根据本法规定，违法处理个人信息的行为主要包括以下几个方面：(1)违反本法规定的个人信息保护基本原则处理个人信息的行为；(2)违反本法规定的个人信息保护处理规则处理个人信息的行为；(3)拒不响应或者无正当理由拒绝个人行使权利请求的行为；(4)不按照本法规定采取管理措施、技术措施履行个人信息保护义务的行为。

2.本条对违法处理个人信息的行为设置了不同梯次的行政处罚

(1)对一般违法行为，由履行个人信息保护职责的部门责令改正，给予警告，没收违法所得，对违法处理个人信息的应用程序，责令暂停或者终止提供服务。

(2)对拒不改正的，并处100万元以下罚款；对直接负责的主管人员和其他直接责任人员处1万元以上10万元以下罚款。

(3)对违法处理个人信息数量巨大，违法处理个人信息导致大量个人信息遭到泄露、篡改、丢失等情节严重的违法行为，由省级以上履行个人信息保护职责的部门责令改正，没收违法所得，并处5000万元以下或者上一年度营业额5%以下罚款，并可以责令暂停相关业务或者停业整顿、通报有关主管部门吊销相关业务许可或者吊销营业执照；对直接负责的主管人员和其他直接责任人员处10万元以上100万元以下罚款，并可以决定禁止其在一定期限内担任相关企业的董事、监事、高级管理人员和个人信息保护负责人。

关联法规

《消费者权益保护法》第56条；《网络安全法》第64条；《电子商务法》第79条；《全国人民代表大会常务委员会关于加强网络信息保护的决定》第11条

第六十七条　【信用惩戒】有本法规定的违法行为的，依照有关法律、行政法规的规定记入信用档案，并予以公示。

条文注释

本条是关于信用惩戒的规定。

信用档案是政府部门对个人、组织的信用信息进行采集、保存、加工而形成的信用资料，体现了个人、组织在经济社会活动中的可信度、公信力，是判断个人、组织信用状况、进行信用惩戒的重要依据。本条根据推进社会信用体系建设的需要和有关法律、行政法规的规定，将有本法规定违法行为的个人信息处理者及受到处罚的责任人、违法行为以及所受到的行政处罚记入信用档案，同时要求有关部门向社会公示，发挥信用惩戒作用。公示应当通过政府网站、报刊等大众传播媒介等便于公众知悉的方式进行。

关联法规

《网络安全法》第71条；《消费者权益保护法》第56条；《全国人民代表大会常务委员会关于加强网络信息保护的决

定》第 11 条

第六十八条　【国家机关不履行个人信息保护义务和监管部门工作人员渎职的处罚】国家机关不履行本法规定的个人信息保护义务的，由其上级机关或者履行个人信息保护职责的部门责令改正；对直接负责的主管人员和其他直接责任人员依法给予处分。

履行个人信息保护职责的部门的工作人员玩忽职守、滥用职权、徇私舞弊，尚不构成犯罪的，依法给予处分。

条文注释

本条是关于国家机关不履行个人信息保护义务和履行个人信息保护职责的部门的工作人员渎职的处罚的规定。

1. 国家机关不履行个人信息保护义务的处罚

国家机关在履行管理经济社会事务、提供公共服务等职责的过程中，需要大量收集、使用公民个人信息，应当遵循本法规定的个人信息处理原则和规则，响应个人行使权利的请求，采取必要措施保证所处理的个人信息的安全。对不履行本法规定的个人信息保护义务的国家机关，由其上级机关或者履行个人信息保护职责的部门责令改正，对直接负责的主管人员和其他直接责任人员依法给予处分。处分包括给予警告、记过、记大过、降级、撤职、开除。考虑到国家机关的运行资金来源于财政，因此本条对不履行个人信息保护义务的国家机关未规定罚款处罚。

2. 履行个人信息保护职责的部门的工作人员渎职行为的处罚

履行个人信息保护职责的部门的工作人员代表国家履行个人信息保护职责,应当依照法律、行政法规的规定进行,必须忠于职守、严格依法办事,不得玩忽职守、滥用职权、徇私舞弊。

履行个人信息保护职责的部门的工作人员玩忽职守、滥用职权、徇私舞弊的,应当依法给予警告、记过、记大过、降级、撤职、开除等处分。情节严重构成犯罪的,应当依照《刑法》有关规定追究其刑事责任。

关联法规

《数据安全法》第 49 条;《电子商务法》第 87 条;《网络安全法》第 73 条;《刑法》第 397 条

第六十九条　【个人信息侵权责任】处理个人信息侵害个人信息权益造成损害,个人信息处理者不能证明自己没有过错的,应当承担损害赔偿等侵权责任。

前款规定的损害赔偿责任按照个人因此受到的损失或者个人信息处理者因此获得的利益确定;个人因此受到的损失和个人信息处理者因此获得的利益难以确定的,根据实际情况确定赔偿数额。

条文注释

本条是关于处理个人信息侵权责任的规定。

1. 侵害个人信息权益的侵权责任

本条规定的承担侵权责任主体是个人信息处理者。个人信息处理者是个人信息处理目的、处理方式的决定者，应对其个人信息处理行为负责，因其个人信息处理行为侵害他人个人信息权益造成损害的，应当依法承担侵权责任。个人信息处理者委托他人处理个人信息，侵害个人信息权益造成损害的，原则上也应当由个人信息处理者承担侵权责任。按照本条和《民法典》有关规定，侵害个人信息权益的责任承担方式主要包括停止侵害、排除妨碍、消除危险、赔偿损失、消除影响、恢复名誉、赔礼道歉等。

根据本条规定，侵害个人信息权益的侵权责任，适用过错推定原则，即因个人信息处理行为侵害个人信息权益造成个人损害的，推定个人信息处理者具有过错，应当承担侵权责任，除非个人信息处理者能够举证证明自己没有过错，方可不承担责任。本法作此规定，主要考虑在个人信息处理活动中，相对于个人信息处理者来说，个人处于弱势的地位，个人信息处理情况和相关证据通常只有个人信息处理者掌握，个人作为被侵权人很难获得，因此要求个人证明个人信息处理者存在过错非常困难。

2. 关于赔偿数额的确定

关于侵害个人信息权益的损害赔偿，本条规定了三种计算方法。一是按照给个人造成的财产损失确定；二是按照个人信息处理者因个人信息处理行为所获利益确定；三是在个人所受到的损失和个人信息处理者所获利益都难以确定的情况下，由人民法院在案件审理中根据实际情况合理确定赔偿数额。同时，根据《民法典》的有关规定，侵害个人信息权益给个人造成严重精神损害的，个人有权请求精神损害赔偿。需要说明的是，因个人信息处理行为侵害个人信息权益，在很多情况下不会给个人造成财产损失，只会给个人带来精神上的焦虑或者对个人的生活安宁造成侵扰，在司法实践中，人民法院通常也会酌情要求个人信息处理者给予象征性的赔偿。

关联法规

《民法典》第1165、1167、1179、1182、1183条；《网络安全法》第74条；《消费者权益保护法》第50条

第七十条 【个人信息保护公益诉讼】个人信息处理者违反本法规定处理个人信息，侵害众多个人的权益的，人民检察院、法律规定的消费者组织和由国家网信部门确定的组织可以依法向人民法院提起诉讼。

条文注释

本条是关于个人信息保护公益诉讼的规定。

在信息化时代，个人信息在很多领域被大量处理，违法处理个人信息的行为通常会涉及大量个人，侵害众多个人的权益。但是，侵害个人信息权益的行为对特定个人来说造成的损害较小，且被侵权人在举证方面存在很多困难，导致个人起诉要求个人信息处理者承担侵权责任的情况较少，因此有必要根据有关法律规定在个人信息保护领域确立公益诉讼制度，从而更好地维护公众的个人信息权益和社会公共利益。

本条明确了可以提起侵害个人信息权益公益诉讼的主

体有以下几类:(1)与《民事诉讼法》的规定相衔接,明确人民检察院可以提起公益诉讼;(2)与《消费者权益保护法》的规定相衔接,明确法律规定的消费者组织,包括中国消费者协会以及在省、自治区、直辖市设立的消费者协会可以提起公益诉讼;(3)根据本法规定的部门职责和保护个人信息权益的需要,明确国家网信部门确定的组织可以提起公益诉讼。

关联法规

《民事诉讼法》第58条;《消费者权益保护法》第47条;《未成年人保护法》第106条

第七十一条 【治安管理处罚和刑事责任的衔接】违反本法规定,构成违反治安管理行为的,依法给予治安管理处罚;构成犯罪的,依法追究刑事责任。

条文注释

本条是关于违反本法规定的治安管理处罚和刑事责任的衔接性规定。

违法处理个人信息,除应当依照本法规定承担相应的行政责任和民事责任外,还可能构成违反治安管理行为或者构成犯罪,应当依法给予治安管理处罚或者追究其刑事责任。

目前,《治安管理处罚法》对违法处理个人信息侵害个人权益的行为,没有直接规定治安管理处罚,但《治安管理处罚法》的有关规定涉及违法处理个人信息,如第29条关于危害计算机信息系统安全的规定,第42条中关于偷窥、偷拍、窃听、散布他人隐私的规定等。个人信息处理者违法处理个人信息构成上述行为的,应当依照《治安管理处罚法》的规定给予治安管理处罚。对于违法处理个人信息，侵害个人权益构成犯罪的行为，主要适用《刑法》第 253 条之一的规定："违反国家有关规定，向他人出售或者提供公民个人信息，情节严重的，处三年以下有期徒刑或者拘役，并处或者单处罚金；情节特别严重的，处三年以上七年以下有期徒刑，并处罚金。违反国家有关规定，将在履行职责或者提供服务过程中获得的公民个人信息，出售或者提供给他人的，依照前款的规定从重处罚。窃取或者以其他方法非法获取公民个人信息的，依照第一款的规定处罚。单位犯前三款罪的，对单位判处罚金，并对其直接负责的主管人员和其他直接责任人员，依照各该款的规定处罚。"除上述规定外，《刑法》还有一些规定可能涉及侵犯公民个人信息的行为。如《刑法》第 252 条规定的隐匿、毁弃或者非法开拆他人信件，侵犯公民通信自由权利犯罪；《刑法》第 253 条规定的邮政工作人员私自开拆或者隐匿、毁弃邮件、电报犯罪；等等。如果行为人违法处理个人信息的行为构成上述犯罪，应当依法追究其刑事责任。

第八章　附　　则

第七十二条　【个人信息处理特别情形的法律适用】自然人因个人或者家庭事务处理个人信息的，不适用本法。

法律对各级人民政府及其有关部门组织实施的统计、档案管理活动中的个人信息处理有规定的，适用其规定。

条文注释

本条是关于个人信息处理特别情形的法律适用的规定。

1. 自然人因个人或者家庭事务处理个人信息的法律适用

自然人因个人或者家庭事务处理个人信息，处理的个人信息数量有限，不具有利用个人信息获取经济利益的目的，且当事人地位平等，从尊重私人生活角度考虑没有必要由有关部门过多介入。自然人因个人或者家庭事务处理个人信息，应当适用传统民事法律有关民事权利保护和救济的规范，不适用本法。

2. 各级人民政府及其有关部门组织实施的统计、档案管理活动中个人信息处理的法律适用

各级人民政府及其有关部门通过实施统计和档案管理活动，收集、整理和保存的统计、档案资料中包含了大量个人信息，《统计法》《档案法》对统计资料和档案收集、整理、保护、利用都作了严格规范，形成了系统的统计资料和档案管理制度。各级人民政府及其有关部门组织实施的统计、档案管理活动涉及的个人信息处理，原则上应当优先适用《统计法》《档案法》等法律的规定。

关联法规

《统计法》第2、7条；《档案法》第2、9条；《民法典》第1060条；《数据安全法》第53条第2款

第七十三条 【有关用语含义】本法下列用语的含义：

（一）个人信息处理者，是指在个人信息处理活动中自主决定处理目的、处理方式的组织、个人。

（二）自动化决策，是指通过计算机程序自动分析、评估个人的行为习惯、兴趣爱好或者经济、健康、信用状况等，并进行决策的活动。

（三）去标识化，是指个人信息经过处理，使其在不借助额外信息的情况下无法识别特定自然人的过程。

（四）匿名化，是指个人信息经过处理无法识别特定自然人且不能复原的过程。

条文注释

本条是关于本法一些用语含义的规定。

1. 个人信息处理者

个人信息处理者是本法的核心概念之一，是个人信息处理活动的责任主体。本条第1项强调，个人信息处理者在个人信息处理活动中自主决定处理目的、处理方式，与按照委托人确定的处理目的、处理方式具体实施个人信息处理行为的受托人相区别。

2. 自动化决策

自动化决策，是指在没有人工参与的情况下，通过计算机程序作出的决策。自动化决策通常包括两个环节：(1)“用户画像”，即通过计算机程序和算法模型对个人特征进行分析、评估，并进行分类或者标识的行为；(2)利用“用户画像”的结果对个人作出决策。

3. 去标识化

去标识化，又称为脱敏或者假名化，是指对个人信息进行技术处理，去除其中的可识别信息，使其无法直接识别特定自然人。对个人信息进行去标识化处理，是个人信息处理者采取的风险控制措施，经过去标识化处理的个人信息在利用过程中能够防止、减少因泄露或滥用对个人权益造成的威胁。个人信息处理者对个人信息进行去标识化处理后，通常保留原始的个人信息和去标识化的方法，仍可以重新识别个人身份，因此个人信息处理者对去标识化的个人信息仍应采取必要的保护措施。

4. 匿名化

匿名化，与去标识化一样，也是通过技术手段去除个人信息中可识别特征的过程。但相对去标识化，匿名化去除个人身份特征更为彻底，或者所采用的技术方法更为复杂，使匿名化后的信息在不付出高额成本的情况下难以复原，具有较高的安全性。因此，本法明确，匿名化处理后的信息不属于个人信息，不适用本法规定。

第七十四条　【施行日期】本法自 2021 年 11 月 1 日起施行。

附录

中华人民共和国宪法（节录）

（1982 年 12 月 4 日第五届全国人民代表大会第五次会议通过　1982 年 12 月 4 日全国人民代表大会公告公布施行　根据 1988 年 4 月 12 日第七届全国人民代表大会第一次会议通过的《中华人民共和国宪法修正案》、1993 年 3 月 29 日第八届全国人民代表大会第一次会议通过的《中华人民共和国宪法修正案》、1999 年 3 月 15 日第九届全国人民代表大会第二次会议通过的《中华人民共和国宪法修正案》、2004 年 3 月 14 日第十届全国人民代表大会第二次会议通过的《中华人民共和国宪法修正案》和 2018 年 3 月 11 日第十三届全国人民代表大会第一次会议通过的《中华人民共和国宪法修正案》修正）

第四十条　中华人民共和国公民的通信自由和通信秘密受法律的保护。除因国家安全或者追查刑事犯罪的需要，由公安机关或者检察机关依照法律规定的程序对通信进行检查外，任何组织或者个人不得以任何理由侵犯公民的通信自由和通信秘密。

中华人民共和国民法典（节录）

（2020年5月28日第十三届全国人民代表大会第三次会议通过　2020年5月28日中华人民共和国主席令第45号公布自2021年1月1日起施行）

第四编　人　格　权

第六章　隐私权和个人信息保护

第一千零三十二条　自然人享有隐私权。任何组织或者个人不得以刺探、侵扰、泄露、公开等方式侵害他人的隐私权。

隐私是自然人的私人生活安宁和不愿为他人知晓的私密空间、私密活动、私密信息。

第一千零三十三条　除法律另有规定或者权利人明确同意外，任何组织或者个人不得实施下列行为：

（一）以电话、短信、即时通讯工具、电子邮件、传单等方式侵扰他人的私人生活安宁；

（二）进入、拍摄、窥视他人的住宅、宾馆房间等私密空间；

（三）拍摄、窥视、窃听、公开他人的私密活动；

（四）拍摄、窥视他人身体的私密部位；

(五)处理他人的私密信息;

(六)以其他方式侵害他人的隐私权。

第一千零三十四条　自然人的个人信息受法律保护。

个人信息是以电子或者其他方式记录的能够单独或者与其他信息结合识别特定自然人的各种信息,包括自然人的姓名、出生日期、身份证件号码、生物识别信息、住址、电话号码、电子邮箱、健康信息、行踪信息等。

个人信息中的私密信息,适用有关隐私权的规定;没有规定的,适用有关个人信息保护的规定。

第一千零三十五条　处理个人信息的,应当遵循合法、正当、必要原则,不得过度处理,并符合下列条件:

(一)征得该自然人或者其监护人同意,但是法律、行政法规另有规定的除外;

(二)公开处理信息的规则;

(三)明示处理信息的目的、方式和范围;

(四)不违反法律、行政法规的规定和双方的约定。

个人信息的处理包括个人信息的收集、存储、使用、加工、传输、提供、公开等。

第一千零三十六条　处理个人信息,有下列情形之一的,行为人不承担民事责任:

(一)在该自然人或者其监护人同意的范围内合理实施的行为;

(二)合理处理该自然人自行公开的或者其他已经合法公开的信息,但是该自然人明确拒绝或者处理该信息侵害其重大利益的除外;

(三)为维护公共利益或者该自然人合法权益,合理实施的其他行为。

第一千零三十七条　自然人可以依法向信息处理者查阅或者复制其个人信息;发现信息有错误的,有权提出异议并请求及时采取更正等必要措施。

自然人发现信息处理者违反法律、行政法规的规定或者双方的约定处理其个人信息的，有权请求信息处理者及时删除。

第一千零三十八条　信息处理者不得泄露或者篡改其收集、存储的个人信息；未经自然人同意，不得向他人非法提供其个人信息，但是经过加工无法识别特定个人且不能复原的除外。

信息处理者应当采取技术措施和其他必要措施，确保其收集、存储的个人信息安全，防止信息泄露、篡改、丢失；发生或者可能发生个人信息泄露、篡改、丢失的，应当及时采取补救措施，按照规定告知自然人并向有关主管部门报告。

第一千零三十九条　国家机关、承担行政职能的法定机构及其工作人员对于履行职责过程中知悉的自然人的隐私和个人信息，应当予以保密，不得泄露或者向他人非法提供。

中华人民共和国刑法（节录）

（1979 年 7 月 1 日第五届全国人民代表大会第二次会议通过　1997 年 3 月 14 日第八届全国人民代表大会第五次会议修订　根据 1998 年 12 月 29 日第九届全国人民代表大会常务委员会第六次会议通过的《关于惩治骗购外汇、逃汇和非法买卖外汇犯罪的决定》、1999 年 12 月 25 日第九届全国人民代表大会常务委员会第十三次会议通过的《中华人民共和国刑法修正案》、2001 年 8 月 31 日第九届全国人民代表大会常务委员会第二十三次会议通过的《中华人民共和国刑法修正案（二）》、2001 年 12 月 29 日第九届全国人民代表大会常务委员会第二十五次会议通过的《中华人民共和国刑法修正案（三）》、2002 年 12 月 28 日第九届全国人民代表大会常务委员会第三十一次会议通过的《中华人民共和国刑法修正案(四)》、2005年2月28日第十届全国人民代表大会常务委员会第十四次会议通过的《中华人民共和国刑法修正案(五)》、2006年6月29日第十届全国人民代表大会常务委员会第二十二次会议通过的《中华人民共和国刑法修正案(六)》、2009年2月28日第十一届全国人民代表大会常务委员会第七次会议通过的《中华人民共和国刑法修正案(七)》、2009年8月27日第十一届全国人民代表大会常务委员会第十次会议通过的《关于修改部分法律的决定》、2011年2月25日第十一届全国人民代表大会常务委员会第十九次会议通过的《中华人民共和国刑法修正案(八)》、2015年8月29日第十二届全国人民代表大会常务委员会第十六次会议通过的《中华人民共和国刑法修正案(九)》、2017年11月4日第十二届全国人民代表大会常务委员会第三十次会议通过的《中华人民共和国刑法修正案(十)》、2020年12月26日第十三届全国人民代表大会常务委员会第二十四次会议通过的《中华人民共和国刑法修正案(十一)》修正)

第二百五十三条之一 违反国家有关规定,向他人出售或者提供公民个人信息,情节严重的,处三年以下有期徒刑或者拘役,并处或者单处罚金;情节特别严重的,处三年以上七年以下有期徒刑,并处罚金。

违反国家有关规定,将在履行职责或者提供服务过程中获得的公民个人信息,出售或者提供给他人的,依照前款的规定从重处罚。

窃取或者以其他方法非法获取公民个人信息的,依照第一款的规定处罚。

单位犯前三款罪的,对单位判处罚金,并对其直接负责的主管人员和其他直接责任人员,依照各该款的规定处罚。

中华人民共和国数据安全法

（2021年6月10日第十三届全国人民代表大会常务委员会第二十九次会议通过　2021年6月10日中华人民共和国主席令第84号公布　自2021年9月1日起施行）

第一章　总　　则

第一条　为了规范数据处理活动，保障数据安全，促进数据开发利用，保护个人、组织的合法权益，维护国家主权、安全和发展利益，制定本法。

第二条　在中华人民共和国境内开展数据处理活动及其安全监管，适用本法。

在中华人民共和国境外开展数据处理活动，损害中华人民共和国国家安全、公共利益或者公民、组织合法权益的，依法追究法律责任。

第三条　本法所称数据，是指任何以电子或者其他方式对信息的记录。

数据处理，包括数据的收集、存储、使用、加工、传输、提供、公开等。

数据安全，是指通过采取必要措施，确保数据处于有效保护和合法利用的状态，以及具备保障持续安全状态的能力。

第四条　维护数据安全，应当坚持总体国家安全观，建立健全数据安全治理体系，提高数据安全保障能力。

第五条　中央国家安全领导机构负责国家数据安全工作的决策和议事协调，研究制定、指导实施国家数据安全战略和有关重大方针政策，统筹协调国家数据安全的重大事项和重要工作，建立国家数据安全工作协调机制。

第六条　各地区、各部门对本地区、本部门工作中收集和产生的数据及数据安全负责。

工业、电信、交通、金融、自然资源、卫生健康、教育、科技等主管部门承担本行业、本领域数据安全监管职责。

公安机关、国家安全机关等依照本法和有关法律、行政法规的规定，在各自职责范围内承担数据安全监管职责。

国家网信部门依照本法和有关法律、行政法规的规定，负责统筹协调网络数据安全和相关监管工作。

第七条　国家保护个人、组织与数据有关的权益，鼓励数据依法合理有效利用，保障数据依法有序自由流动，促进以数据为关键要素的数字经济发展。

第八条　开展数据处理活动，应当遵守法律、法规，尊重社会公德和伦理，遵守商业道德和职业道德，诚实守信，履行数据安全保护义务，承担社会责任，不得危害国家安全、公共利益，不得损害个人、组织的合法权益。

第九条　国家支持开展数据安全知识宣传普及，提高全社会的数据安全保护意识和水平，推动有关部门、行业组织、科研机构、企业、个人等共同参与数据安全保护工作，形成全社会共同维护数据安全和促进发展的良好环境。

第十条　相关行业组织按照章程，依法制定数据安全行为规范和团体标准，加强行业自律，指导会员加强数据安全保护，提高数据安全保护水平，促进行业健康发展。

第十一条　国家积极开展数据安全治理、数据开发利用等领域的国际交流与合作，参与数据安全相关国际规则和标准的制定，促进数据跨境安全、自由流动。

第十二条　任何个人、组织都有权对违反本法规定的行为向有关主管部门投诉、举报。收到投诉、举报的部门应当及时依法处理。

有关主管部门应当对投诉、举报人的相关信息予以保密，保护投诉、举报人的合法权益。

第二章 数据安全与发展

第十三条 国家统筹发展和安全，坚持以数据开发利用和产业发展促进数据安全，以数据安全保障数据开发利用和产业发展。

第十四条 国家实施大数据战略，推进数据基础设施建设，鼓励和支持数据在各行业、各领域的创新应用。

省级以上人民政府应当将数字经济发展纳入本级国民经济和社会发展规划，并根据需要制定数字经济发展规划。

第十五条 国家支持开发利用数据提升公共服务的智能化水平。提供智能化公共服务，应当充分考虑老年人、残疾人的需求，避免对老年人、残疾人的日常生活造成障碍。

第十六条 国家支持数据开发利用和数据安全技术研究，鼓励数据开发利用和数据安全等领域的技术推广和商业创新，培育、发展数据开发利用和数据安全产品、产业体系。

第十七条 国家推进数据开发利用技术和数据安全标准体系建设。国务院标准化行政主管部门和国务院有关部门根据各自的职责，组织制定并适时修订有关数据开发利用技术、产品和数据安全相关标准。国家支持企业、社会团体和教育、科研机构等参与标准制定。

第十八条 国家促进数据安全检测评估、认证等服务的发展，支持数据安全检测评估、认证等专业机构依法开展服务活动。

国家支持有关部门、行业组织、企业、教育和科研机构、有关专业机构等在数据安全风险评估、防范、处置等方面开展协作。

第十九条 国家建立健全数据交易管理制度，规范数据交易行为，培育数据交易市场。

第二十条 国家支持教育、科研机构和企业等开展数据开发利用技术和数据安全相关教育和培训,采取多种方式培养数据开发利用技术和数据安全专业人才,促进人才交流。

第三章 数据安全制度

第二十一条 国家建立数据分类分级保护制度,根据数据在经济社会发展中的重要程度,以及一旦遭到篡改、破坏、泄露或者非法获取、非法利用,对国家安全、公共利益或者个人、组织合法权益造成的危害程度,对数据实行分类分级保护。国家数据安全工作协调机制统筹协调有关部门制定重要数据目录,加强对重要数据的保护。

关系国家安全、国民经济命脉、重要民生、重大公共利益等数据属于国家核心数据,实行更加严格的管理制度。

各地区、各部门应当按照数据分类分级保护制度,确定本地区、本部门以及相关行业、领域的重要数据具体目录,对列入目录的数据进行重点保护。

第二十二条 国家建立集中统一、高效权威的数据安全风险评估、报告、信息共享、监测预警机制。国家数据安全工作协调机制统筹协调有关部门加强数据安全风险信息的获取、分析、研判、预警工作。

第二十三条 国家建立数据安全应急处置机制。发生数据安全事件,有关主管部门应当依法启动应急预案,采取相应的应急处置措施,防止危害扩大,消除安全隐患,并及时向社会发布与公众有关的警示信息。

第二十四条 国家建立数据安全审查制度,对影响或者可能影响国家安全的数据处理活动进行国家安全审查。

依法作出的安全审查决定为最终决定。

第二十五条 国家对与维护国家安全和利益、履行国际义务相关的属于管制物项的数据依法实施出口管制。

第二十六条　任何国家或者地区在与数据和数据开发利用技术等有关的投资、贸易等方面对中华人民共和国采取歧视性的禁止、限制或者其他类似措施的，中华人民共和国可以根据实际情况对该国家或者地区对等采取措施。

第四章　数据安全保护义务

第二十七条　开展数据处理活动应当依照法律、法规的规定，建立健全全流程数据安全管理制度，组织开展数据安全教育培训，采取相应的技术措施和其他必要措施，保障数据安全。利用互联网等信息网络开展数据处理活动，应当在网络安全等级保护制度的基础上，履行上述数据安全保护义务。

重要数据的处理者应当明确数据安全负责人和管理机构，落实数据安全保护责任。

第二十八条　开展数据处理活动以及研究开发数据新技术，应当有利于促进经济社会发展，增进人民福祉，符合社会公德和伦理。

第二十九条　开展数据处理活动应当加强风险监测，发现数据安全缺陷、漏洞等风险时，应当立即采取补救措施；发生数据安全事件时，应当立即采取处置措施，按照规定及时告知用户并向有关主管部门报告。

第三十条　重要数据的处理者应当按照规定对其数据处理活动定期开展风险评估，并向有关主管部门报送风险评估报告。

风险评估报告应当包括处理的重要数据的种类、数量，开展数据处理活动的情况，面临的数据安全风险及其应对措施等。

第三十一条　关键信息基础设施的运营者在中华人民共和国境内运营中收集和产生的重要数据的出境安全管理，适用《中华人民共和国网络安全法》的规定；其他数据处理者在中华人民共和国境内运营中收集和产生的重要数据的出境安全管理办法，由国家网信部门会同国务院有关部门制定。

第三十二条 任何组织、个人收集数据，应当采取合法、正当的方式，不得窃取或者以其他非法方式获取数据。

法律、行政法规对收集、使用数据的目的、范围有规定的，应当在法律、行政法规规定的目的和范围内收集、使用数据。

第三十三条 从事数据交易中介服务的机构提供服务，应当要求数据提供方说明数据来源，审核交易双方的身份，并留存审核、交易记录。

第三十四条 法律、行政法规规定提供数据处理相关服务应当取得行政许可的，服务提供者应当依法取得许可。

第三十五条 公安机关、国家安全机关因依法维护国家安全或者侦查犯罪的需要调取数据，应当按照国家有关规定，经过严格的批准手续，依法进行，有关组织、个人应当予以配合。

第三十六条 中华人民共和国主管机关根据有关法律和中华人民共和国缔结或者参加的国际条约、协定，或者按照平等互惠原则，处理外国司法或者执法机构关于提供数据的请求。非经中华人民共和国主管机关批准，境内的组织、个人不得向外国司法或者执法机构提供存储于中华人民共和国境内的数据。

第五章 政务数据安全与开放

第三十七条 国家大力推进电子政务建设，提高政务数据的科学性、准确性、时效性，提升运用数据服务经济社会发展的能力。

第三十八条 国家机关为履行法定职责的需要收集、使用数据，应当在其履行法定职责的范围内依照法律、行政法规规定的条件和程序进行；对在履行职责中知悉的个人隐私、个人信息、商业秘密、保密商务信息等数据应当依法予以保密，不得泄露或者非法向他人提供。

第三十九条 国家机关应当依照法律、行政法规的规定，建立健全数据安全管理制度，落实数据安全保护责任，保障政务数据安全。

第四十条 国家机关委托他人建设、维护电子政务系统，存储、加工政务数据，应当经过严格的批准程序，并应当监督受托方履行相应的数据安全保护义务。受托方应当依照法律、法规的规定和合同约定履行数据安全保护义务，不得擅自留存、使用、泄露或者向他人提供政务数据。

第四十一条 国家机关应当遵循公正、公平、便民的原则，按照规定及时、准确地公开政务数据。依法不予公开的除外。

第四十二条 国家制定政务数据开放目录，构建统一规范、互联互通、安全可控的政务数据开放平台，推动政务数据开放利用。

第四十三条 法律、法规授权的具有管理公共事务职能的组织为履行法定职责开展数据处理活动，适用本章规定。

第六章 法律责任

第四十四条 有关主管部门在履行数据安全监管职责中，发现数据处理活动存在较大安全风险的，可以按照规定的权限和程序对有关组织、个人进行约谈，并要求有关组织、个人采取措施进行整改，消除隐患。

第四十五条 开展数据处理活动的组织、个人不履行本法第二十七条、第二十九条、第三十条规定的数据安全保护义务的，由有关主管部门责令改正，给予警告，可以并处五万元以上五十万元以下罚款，对直接负责的主管人员和其他直接责任人员可以处一万元以上十万元以下罚款；拒不改正或者造成大量数据泄露等严重后果的，处五十万元以上二百万元以下罚款，并可以责令暂停相关业务、停业整顿、吊销相关业务许可证或者吊销营业执照，对直接负责的主管人员和其他直接责任人员处五万元以上二十万元以下罚款。

违反国家核心数据管理制度，危害国家主权、安全和发展利益的，由有关主管部门处二百万元以上一千万元以下罚款,并根据情况责令暂停相关业务、停业整顿、吊销相关业务许可证或者吊销营业执照;构成犯罪的,依法追究刑事责任。

第四十六条 违反本法第三十一条规定,向境外提供重要数据的,由有关主管部门责令改正,给予警告,可以并处十万元以上一百万元以下罚款,对直接负责的主管人员和其他直接责任人员可以处一万元以上十万元以下罚款;情节严重的,处一百万元以上一千万元以下罚款,并可以责令暂停相关业务、停业整顿、吊销相关业务许可证或者吊销营业执照,对直接负责的主管人员和其他直接责任人员处十万元以上一百万元以下罚款。

第四十七条 从事数据交易中介服务的机构未履行本法第三十三条规定的义务的,由有关主管部门责令改正,没收违法所得,处违法所得一倍以上十倍以下罚款,没有违法所得或者违法所得不足十万元的,处十万元以上一百万元以下罚款,并可以责令暂停相关业务、停业整顿、吊销相关业务许可证或者吊销营业执照;对直接负责的主管人员和其他直接责任人员处一万元以上十万元以下罚款。

第四十八条 违反本法第三十五条规定,拒不配合数据调取的,由有关主管部门责令改正,给予警告,并处五万元以上五十万元以下罚款,对直接负责的主管人员和其他直接责任人员处一万元以上十万元以下罚款。

违反本法第三十六条规定,未经主管机关批准向外国司法或者执法机构提供数据的,由有关主管部门给予警告,可以并处十万元以上一百万元以下罚款,对直接负责的主管人员和其他直接责任人员可以处一万元以上十万元以下罚款;造成严重后果的,处一百万元以上五百万元以下罚款,并可以责令暂停相关业务、停业整顿、吊销相关业务许可证或者吊销营业执照,对直接负责的主管人员和其他直接责任人员处五万元以上五十万元以下罚款。

第四十九条 国家机关不履行本法规定的数据安全保护义务的,对直接负责的主管人员和其他直接责任人员依法给予处分。

第五十条　履行数据安全监管职责的国家工作人员玩忽职守、滥用职权、徇私舞弊的，依法给予处分。

第五十一条　窃取或者以其他非法方式获取数据，开展数据处理活动排除、限制竞争，或者损害个人、组织合法权益的，依照有关法律、行政法规的规定处罚。

第五十二条　违反本法规定，给他人造成损害的，依法承担民事责任。

违反本法规定，构成违反治安管理行为的，依法给予治安管理处罚；构成犯罪的，依法追究刑事责任。

第七章　附　　则

第五十三条　开展涉及国家秘密的数据处理活动，适用《中华人民共和国保守国家秘密法》等法律、行政法规的规定。

在统计、档案工作中开展数据处理活动，开展涉及个人信息的数据处理活动，还应当遵守有关法律、行政法规的规定。

第五十四条　军事数据安全保护的办法，由中央军事委员会依据本法另行制定。

第五十五条　本法自2021年9月1日起施行。

中华人民共和国电子商务法

（2018 年 8 月 31 日第十三届全国人民代表大会常务委员会第五次会议通过　2018 年 8 月 31 日中华人民共和国主席令第 7 号公布　自 2019 年 1 月 1 日起施行）

第一章　总　　则

第一条　为了保障电子商务各方主体的合法权益，规范电子商务行为，维护市场秩序，促进电子商务持续健康发展，制定本法。

第二条　中华人民共和国境内的电子商务活动，适用本法。

本法所称电子商务，是指通过互联网等信息网络销售商品或者提供服务的经营活动。

法律、行政法规对销售商品或者提供服务有规定的，适用其规定。金融类产品和服务，利用信息网络提供新闻信息、音视频节目、出版以及文化产品等内容方面的服务，不适用本法。

第三条　国家鼓励发展电子商务新业态，创新商业模式，促进电子商务技术研发和推广应用，推进电子商务诚信体系建设，营造有利于电子商务创新发展的市场环境，充分发挥电子商务在推动高质量发展、满足人民日益增长的美好生活需要、构建开放型经济方面的重要作用。

第四条　国家平等对待线上线下商务活动，促进线上线下融合发展，各级人民政府和有关部门不得采取歧视性的政策措施，不得滥用行政权力排除、限制市场竞争。

第五条 电子商务经营者从事经营活动，应当遵循自愿、平等、公平、诚信的原则，遵守法律和商业道德，公平参与市场竞争，履行消费者权益保护、环境保护、知识产权保护、网络安全与个人信息保护等方面的义务，承担产品和服务质量责任，接受政府和社会的监督。

第六条 国务院有关部门按照职责分工负责电子商务发展促进、监督管理等工作。县级以上地方各级人民政府可以根据本行政区域的实际情况，确定本行政区域内电子商务的部门职责划分。

第七条 国家建立符合电子商务特点的协同管理体系，推动形成有关部门、电子商务行业组织、电子商务经营者、消费者等共同参与的电子商务市场治理体系。

第八条 电子商务行业组织按照本组织章程开展行业自律，建立健全行业规范，推动行业诚信建设，监督、引导本行业经营者公平参与市场竞争。

第二章 电子商务经营者

第一节 一般规定

第九条 本法所称电子商务经营者，是指通过互联网等信息网络从事销售商品或者提供服务的经营活动的自然人、法人和非法人组织，包括电子商务平台经营者、平台内经营者以及通过自建网站、其他网络服务销售商品或者提供服务的电子商务经营者。

本法所称电子商务平台经营者，是指在电子商务中为交易双方或者多方提供网络经营场所、交易撮合、信息发布等服务，供交易双方或者多方独立开展交易活动的法人或者非法人组织。

本法所称平台内经营者，是指通过电子商务平台销售商品或者提供服务的电子商务经营者。

第十条 电子商务经营者应当依法办理市场主体登记。但是,个人销售自产农副产品、家庭手工业产品,个人利用自己的技能从事依法无须取得许可的便民劳务活动和零星小额交易活动,以及依照法律、行政法规不需要进行登记的除外。

第十一条 电子商务经营者应当依法履行纳税义务,并依法享受税收优惠。

依照前条规定不需要办理市场主体登记的电子商务经营者在首次纳税义务发生后,应当依照税收征收管理法律、行政法规的规定申请办理税务登记,并如实申报纳税。

第十二条 电子商务经营者从事经营活动,依法需要取得相关行政许可的,应当依法取得行政许可。

第十三条 电子商务经营者销售的商品或者提供的服务应当符合保障人身、财产安全的要求和环境保护要求,不得销售或者提供法律、行政法规禁止交易的商品或者服务。

第十四条 电子商务经营者销售商品或者提供服务应当依法出具纸质发票或者电子发票等购货凭证或者服务单据。电子发票与纸质发票具有同等法律效力。

第十五条 电子商务经营者应当在其首页显著位置,持续公示营业执照信息、与其经营业务有关的行政许可信息、属于依照本法第十条规定的不需要办理市场主体登记情形等信息,或者上述信息的链接标识。

前款规定的信息发生变更的,电子商务经营者应当及时更新公示信息。

第十六条 电子商务经营者自行终止从事电子商务的,应当提前三十日在首页显著位置持续公示有关信息。

第十七条 电子商务经营者应当全面、真实、准确、及时地披露商品或者服务信息,保障消费者的知情权和选择权。电子商务经营者不得以虚构交易、编造用户评价等方式进行虚假或者引人误解的商业宣传,欺骗、误导消费者。

第十八条　电子商务经营者根据消费者的兴趣爱好、消费习惯等特征向其提供商品或者服务的搜索结果的，应当同时向该消费者提供不针对其个人特征的选项，尊重和平等保护消费者合法权益。

电子商务经营者向消费者发送广告的，应当遵守《中华人民共和国广告法》的有关规定。

第十九条　电子商务经营者搭售商品或者服务，应当以显著方式提请消费者注意，不得将搭售商品或者服务作为默认同意的选项。

第二十条　电子商务经营者应当按照承诺或者与消费者约定的方式、时限向消费者交付商品或者服务，并承担商品运输中的风险和责任。但是，消费者另行选择快递物流服务提供者的除外。

第二十一条　电子商务经营者按照约定向消费者收取押金的，应当明示押金退还的方式、程序，不得对押金退还设置不合理条件。消费者申请退还押金，符合押金退还条件的，电子商务经营者应当及时退还。

第二十二条　电子商务经营者因其技术优势、用户数量、对相关行业的控制能力以及其他经营者对该电子商务经营者在交易上的依赖程度等因素而具有市场支配地位的，不得滥用市场支配地位，排除、限制竞争。

第二十三条　电子商务经营者收集、使用其用户的个人信息，应当遵守法律、行政法规有关个人信息保护的规定。

第二十四条　电子商务经营者应当明示用户信息查询、更正、删除以及用户注销的方式、程序，不得对用户信息查询、更正、删除以及用户注销设置不合理条件。

电子商务经营者收到用户信息查询或者更正、删除的申请的，应当在核实身份后及时提供查询或者更正、删除用户信息。用户注销的，电子商务经营者应当立即删除该用户的信息；依照法律、行政法规的规定或者双方约定保存的，依照其规定。

第二十五条　有关主管部门依照法律、行政法规的规定要求电子商务经营者提供有关电子商务数据信息的，电子商务经营者应当提供。有关主管部门应当采取必要措施保护电子商务经营者提供的数据信息的安全，并对其中的个人信息、隐私和商业秘密严格保密，不得泄露、出售或者非法向他人提供。

第二十六条 电子商务经营者从事跨境电子商务，应当遵守进出口监督管理的法律、行政法规和国家有关规定。

第二节 电子商务平台经营者

第二十七条 电子商务平台经营者应当要求申请进入平台销售商品或者提供服务的经营者提交其身份、地址、联系方式、行政许可等真实信息，进行核验、登记，建立登记档案，并定期核验更新。

电子商务平台经营者为进入平台销售商品或者提供服务的非经营用户提供服务，应当遵守本节有关规定。

第二十八条 电子商务平台经营者应当按照规定向市场监督管理部门报送平台内经营者的身份信息，提示未办理市场主体登记的经营者依法办理登记，并配合市场监督管理部门，针对电子商务的特点，为应当办理市场主体登记的经营者办理登记提供便利。

电子商务平台经营者应当依照税收征收管理法律、行政法规的规定，向税务部门报送平台内经营者的身份信息和与纳税有关的信息，并应当提示依照本法第十条规定不需要办理市场主体登记的电子商务经营者依照本法第十一条第二款的规定办理税务登记。

第二十九条 电子商务平台经营者发现平台内的商品或者服务信息存在违反本法第十二条、第十三条规定情形的，应当依法采取必要的处置措施，并向有关主管部门报告。

第三十条 电子商务平台经营者应当采取技术措施和其他必要措施保证其网络安全、稳定运行，防范网络违法犯罪活动，有效应对网络安全事件，保障电子商务交易安全。

电子商务平台经营者应当制定网络安全事件应急预案，发生网络安全事件时，应当立即启动应急预案，采取相应的补救措施，并向有关主管部门报告。

第三十一条 电子商务平台经营者应当记录、保存平台上发布的商品和服务信息、交易信息，并确保信息的完整性、保密性、可用性。商品和服务信息、交易信息保存时间自交易完成之日起不少于三年；法律、行政法规另有规定的，依照其规定。

第三十二条 电子商务平台经营者应当遵循公开、公平、公正的原则，制定平台服务协议和交易规则，明确进入和退出平台、商品和服务质量保障、消费者权益保护、个人信息保护等方面的权利和义务。

第三十三条 电子商务平台经营者应当在其首页显著位置持续公示平台服务协议和交易规则信息或者上述信息的链接标识，并保证经营者和消费者能够便利、完整地阅览和下载。

第三十四条 电子商务平台经营者修改平台服务协议和交易规则，应当在其首页显著位置公开征求意见，采取合理措施确保有关各方能够及时充分表达意见。修改内容应当至少在实施前七日予以公示。

平台内经营者不接受修改内容，要求退出平台的，电子商务平台经营者不得阻止，并按照修改前的服务协议和交易规则承担相关责任。

第三十五条 电子商务平台经营者不得利用服务协议、交易规则以及技术等手段，对平台内经营者在平台内的交易、交易价格以及与其他经营者的交易等进行不合理限制或者附加不合理条件，或者向平台内经营者收取不合理费用。

第三十六条 电子商务平台经营者依据平台服务协议和交易规则对平台内经营者违反法律、法规的行为实施警示、暂停或者终止服务等措施的，应当及时公示。

第三十七条 电子商务平台经营者在其平台上开展自营业务的，应当以显著方式区分标记自营业务和平台内经营者开展的业务，不得误导消费者。

电子商务平台经营者对其标记为自营的业务依法承担商品销售者或者服务提供者的民事责任。

第三十八条 电子商务平台经营者知道或者应当知道平台内经营者销售的商品或者提供的服务不符合保障人身、财产安全的要求，或者有其他侵害消费者合法权益行为，未采取必要措施的，依法与该平台内经营者承担连带责任。

对关系消费者生命健康的商品或者服务，电子商务平台经营者对平台内经营者的资质资格未尽到审核义务，或者对消费者未尽到安全保障义务，造成消费者损害的，依法承担相应的责任。

第三十九条 电子商务平台经营者应当建立健全信用评价制度，公示信用评价规则，为消费者提供对平台内销售的商品或者提供的服务进行评价的途径。

电子商务平台经营者不得删除消费者对其平台内销售的商品或者提供的服务的评价。

第四十条 电子商务平台经营者应当根据商品或者服务的价格、销量、信用等以多种方式向消费者显示商品或者服务的搜索结果；对于竞价排名的商品或者服务，应当显著标明"广告"。

第四十一条 电子商务平台经营者应当建立知识产权保护规则，与知识产权权利人加强合作，依法保护知识产权。

第四十二条 知识产权权利人认为其知识产权受到侵害的，有权通知电子商务平台经营者采取删除、屏蔽、断开链接、终止交易和服务等必要措施。通知应当包括构成侵权的初步证据。

电子商务平台经营者接到通知后，应当及时采取必要措施，并将该通知转送平台内经营者；未及时采取必要措施的，对损害的扩大部分与平台内经营者承担连带责任。

因通知错误造成平台内经营者损害的，依法承担民事责任。恶意发出错误通知,造成平台内经营者损失的,加倍承担赔偿责任。

第四十三条 平台内经营者接到转送的通知后,可以向电子商务平台经营者提交不存在侵权行为的声明。声明应当包括不存在侵权行为的初步证据。

电子商务平台经营者接到声明后,应当将该声明转送发出通知的知识产权权利人,并告知其可以向有关主管部门投诉或者向人民法院起诉。电子商务平台经营者在转送声明到达知识产权权利人后十五日内,未收到权利人已经投诉或者起诉通知的,应当及时终止所采取的措施。

第四十四条 电子商务平台经营者应当及时公示收到的本法第四十二条、第四十三条规定的通知、声明及处理结果。

第四十五条 电子商务平台经营者知道或者应当知道平台内经营者侵犯知识产权的,应当采取删除、屏蔽、断开链接、终止交易和服务等必要措施;未采取必要措施的,与侵权人承担连带责任。

第四十六条 除本法第九条第二款规定的服务外,电子商务平台经营者可以按照平台服务协议和交易规则,为经营者之间的电子商务提供仓储、物流、支付结算、交收等服务。电子商务平台经营者为经营者之间的电子商务提供服务,应当遵守法律、行政法规和国家有关规定,不得采取集中竞价、做市商等集中交易方式进行交易,不得进行标准化合约交易。

第三章 电子商务合同的订立与履行

第四十七条 电子商务当事人订立和履行合同,适用本章和《中华人民共和国民法总则》《中华人民共和国合同法》《中华人民共和国电子签名法》等法律的规定。

第四十八条 电子商务当事人使用自动信息系统订立或者履行合同的行为对使用该系统的当事人具有法律效力。

在电子商务中推定当事人具有相应的民事行为能力。但是,有相反证据足以推翻的除外。

第四十九条 电子商务经营者发布的商品或者服务信息符合要约条件的,用户选择该商品或者服务并提交订单成功,合同成立。当事人另有约定的,从其约定。

电子商务经营者不得以格式条款等方式约定消费者支付价款后合同不成立;格式条款等含有该内容的,其内容无效。

第五十条 电子商务经营者应当清晰、全面、明确地告知用户订立合同的步骤、注意事项、下载方法等事项,并保证用户能够便利、完整地阅览和下载。

电子商务经营者应当保证用户在提交订单前可以更正输入错误。

第五十一条 合同标的为交付商品并采用快递物流方式交付的,收货人签收时间为交付时间。合同标的为提供服务的,生成的电子凭证或者实物凭证中载明的时间为交付时间;前述凭证没有载明时间或者载明时间与实际提供服务时间不一致的,实际提供服务的时间为交付时间。

合同标的为采用在线传输方式交付的,合同标的进入对方当事人指定的特定系统并且能够检索识别的时间为交付时间。

合同当事人对交付方式、交付时间另有约定的,从其约定。

第五十二条 电子商务当事人可以约定采用快递物流方式交付商品。

快递物流服务提供者为电子商务提供快递物流服务,应当遵守法律、行政法规,并应当符合承诺的服务规范和时限。快递物流服务提供者在交付商品时,应当提示收货人当面查验;交由他人代收的,应当经收货人同意。

快递物流服务提供者应当按照规定使用环保包装材料,实现包装材料的减量化和再利用。

快递物流服务提供者在提供快递物流服务的同时,可以接受电子商务经营者的委托提供代收货款服务。

第五十三条 电子商务当事人可以约定采用电子支付方式支付价款。

电子支付服务提供者为电子商务提供电子支付服务,应当遵守国家规定，告知用户电子支付服务的功能、使用方法、注意事项、相关风险和收费标准等事项，不得附加不合理交易条件。电子支付服务提供者应当确保电子支付指令的完整性、一致性、可跟踪稽核和不可篡改。

电子支付服务提供者应当向用户免费提供对账服务以及最近三年的交易记录。

第五十四条 电子支付服务提供者提供电子支付服务不符合国家有关支付安全管理要求，造成用户损失的，应当承担赔偿责任。

第五十五条 用户在发出支付指令前，应当核对支付指令所包含的金额、收款人等完整信息。

支付指令发生错误的，电子支付服务提供者应当及时查找原因，并采取相关措施予以纠正。造成用户损失的，电子支付服务提供者应当承担赔偿责任，但能够证明支付错误非自身原因造成的除外。

第五十六条 电子支付服务提供者完成电子支付后，应当及时准确地向用户提供符合约定方式的确认支付的信息。

第五十七条 用户应当妥善保管交易密码、电子签名数据等安全工具。用户发现安全工具遗失、被盗用或者未经授权的支付的，应当及时通知电子支付服务提供者。

未经授权的支付造成的损失，由电子支付服务提供者承担；电子支付服务提供者能够证明未经授权的支付是因用户的过错造成的，不承担责任。

电子支付服务提供者发现支付指令未经授权，或者收到用户支付指令未经授权的通知时，应当立即采取措施防止损失扩大。电子支付服务提供者未及时采取措施导致损失扩大的，对损失扩大部分承担责任。

第四章 电子商务争议解决

第五十八条 国家鼓励电子商务平台经营者建立有利于电子商务发展和消费者权益保护的商品、服务质量担保机制。

电子商务平台经营者与平台内经营者协议设立消费者权益保证金的，双方应当就消费者权益保证金的提取数额、管理、使用和退还办法等作出明确约定。

消费者要求电子商务平台经营者承担先行赔偿责任以及电子商务平台经营者赔偿后向平台内经营者的追偿，适用《中华人民共和国消费者权益保护法》的有关规定。

第五十九条　电子商务经营者应当建立便捷、有效的投诉、举报机制，公开投诉、举报方式等信息，及时受理并处理投诉、举报。

第六十条　电子商务争议可以通过协商和解，请求消费者组织、行业协会或者其他依法成立的调解组织调解，向有关部门投诉，提请仲裁，或者提起诉讼等方式解决。

第六十一条　消费者在电子商务平台购买商品或者接受服务，与平台内经营者发生争议时，电子商务平台经营者应当积极协助消费者维护合法权益。

第六十二条　在电子商务争议处理中，电子商务经营者应当提供原始合同和交易记录。因电子商务经营者丢失、伪造、篡改、销毁、隐匿或者拒绝提供前述资料，致使人民法院、仲裁机构或者有关机关无法查明事实的，电子商务经营者应当承担相应的法律责任。

第六十三条　电子商务平台经营者可以建立争议在线解决机制，制定并公示争议解决规则，根据自愿原则，公平、公正地解决当事人的争议。

第五章　电子商务促进

第六十四条　国务院和省、自治区、直辖市人民政府应当将电子商务发展纳入国民经济和社会发展规划，制定科学合理的产业政策，促进电子商务创新发展。

第六十五条　国务院和县级以上地方人民政府及其有关部门应当采取

措施，支持、推动绿色包装、仓储、运输，促进电子商务绿色发展。

第六十六条 国家推动电子商务基础设施和物流网络建设，完善电子商务统计制度，加强电子商务标准体系建设。

第六十七条 国家推动电子商务在国民经济各个领域的应用，支持电子商务与各产业融合发展。

第六十八条 国家促进农业生产、加工、流通等环节的互联网技术应用，鼓励各类社会资源加强合作，促进农村电子商务发展，发挥电子商务在精准扶贫中的作用。

第六十九条 国家维护电子商务交易安全，保护电子商务用户信息，鼓励电子商务数据开发应用，保障电子商务数据依法有序自由流动。

国家采取措施推动建立公共数据共享机制，促进电子商务经营者依法利用公共数据。

第七十条 国家支持依法设立的信用评价机构开展电子商务信用评价，向社会提供电子商务信用评价服务。

第七十一条 国家促进跨境电子商务发展，建立健全适应跨境电子商务特点的海关、税收、进出境检验检疫、支付结算等管理制度，提高跨境电子商务各环节便利化水平，支持跨境电子商务平台经营者等为跨境电子商务提供仓储物流、报关、报检等服务。

国家支持小型微型企业从事跨境电子商务。

第七十二条 国家进出口管理部门应当推进跨境电子商务海关申报、纳税、检验检疫等环节的综合服务和监管体系建设，优化监管流程，推动实现信息共享、监管互认、执法互助，提高跨境电子商务服务和监管效率。跨境电子商务经营者可以凭电子单证向国家进出口管理部门办理有关手续。

第七十三条 国家推动建立与不同国家、地区之间跨境电子商务的交流合作，参与电子商务国际规则的制定，促进电子签名、电子身份等国际互认。

国家推动建立与不同国家、地区之间的跨境电子商务争议解决机制。

第六章 法律责任

第七十四条 电子商务经营者销售商品或者提供服务,不履行合同义务或者履行合同义务不符合约定,或者造成他人损害的,依法承担民事责任。

第七十五条 电子商务经营者违反本法第十二条、第十三条规定,未取得相关行政许可从事经营活动,或者销售、提供法律、行政法规禁止交易的商品、服务,或者不履行本法第二十五条规定的信息提供义务,电子商务平台经营者违反本法第四十六条规定,采取集中交易方式进行交易,或者进行标准化合约交易的,依照有关法律、行政法规的规定处罚。

第七十六条 电子商务经营者违反本法规定,有下列行为之一的,由市场监督管理部门责令限期改正,可以处一万元以下的罚款,对其中的电子商务平台经营者,依照本法第八十一条第一款的规定处罚:

(一)未在首页显著位置公示营业执照信息、行政许可信息、属于不需要办理市场主体登记情形等信息,或者上述信息的链接标识的;

(二)未在首页显著位置持续公示终止电子商务的有关信息的;

(三)未明示用户信息查询、更正、删除以及用户注销的方式、程序,或者对用户信息查询、更正、删除以及用户注销设置不合理条件的。

电子商务平台经营者对违反前款规定的平台内经营者未采取必要措施的,由市场监督管理部门责令限期改正,可以处二万元以上十万元以下的罚款。

第七十七条 电子商务经营者违反本法第十八条第一款规定提供搜索结果,或者违反本法第十九条规定搭售商品、服务的,由市场监督管理部门责令限期改正,没收违法所得,可以并处五万元以上二十万元以下的罚款;情节严重的,并处二十万元以上五十万元以下的罚款。

第七十八条 电子商务经营者违反本法第二十一条规定,未向消费者明示押金退还的方式、程序，对押金退还设置不合理条件，或者不及时退还押金的，由有关主管部门责令限期改正，可以处五万元以上二十万元以下的罚款；情节严重的，处二十万元以上五十万元以下的罚款。

第七十九条　电子商务经营者违反法律、行政法规有关个人信息保护的规定，或者不履行本法第三十条和有关法律、行政法规规定的网络安全保障义务的，依照《中华人民共和国网络安全法》等法律、行政法规的规定处罚。

第八十条　电子商务平台经营者有下列行为之一的，由有关主管部门责令限期改正；逾期不改正的，处二万元以上十万元以下的罚款；情节严重的，责令停业整顿，并处十万元以上五十万元以下的罚款：

（一）不履行本法第二十七条规定的核验、登记义务的；

（二）不按照本法第二十八条规定向市场监督管理部门、税务部门报送有关信息的；

（三）不按照本法第二十九条规定对违法情形采取必要的处置措施，或者未向有关主管部门报告的；

（四）不履行本法第三十一条规定的商品和服务信息、交易信息保存义务的。

法律、行政法规对前款规定的违法行为的处罚另有规定的，依照其规定。

第八十一条　电子商务平台经营者违反本法规定，有下列行为之一的，由市场监督管理部门责令限期改正，可以处二万元以上十万元以下的罚款；情节严重的，处十万元以上五十万元以下的罚款：

（一）未在首页显著位置持续公示平台服务协议、交易规则信息或者上述信息的链接标识的；

（二）修改交易规则未在首页显著位置公开征求意见，未按照规定的时间提前公示修改内容，或者阻止平台内经营者退出的；

（三）未以显著方式区分标记自营业务和平台内经营者开展的业务的；

（四）未为消费者提供对平台内销售的商品或者提供的服务进行评价的途径，或者擅自删除消费者的评价的。

电子商务平台经营者违反本法第四十条规定，对竞价排名的商品或者服务未显著标明“广告”的，依照《中华人民共和国广告法》的规定处罚。

第八十二条 电子商务平台经营者违反本法第三十五条规定，对平台内经营者在平台内的交易、交易价格或者与其他经营者的交易等进行不合理限制或者附加不合理条件，或者向平台内经营者收取不合理费用的，由市场监督管理部门责令限期改正，可以处五万元以上五十万元以下的罚款；情节严重的，处五十万元以上二百万元以下的罚款。

第八十三条 电子商务平台经营者违反本法第三十八条规定，对平台内经营者侵害消费者合法权益行为未采取必要措施，或者对平台内经营者未尽到资质资格审核义务，或者对消费者未尽到安全保障义务的，由市场监督管理部门责令限期改正，可以处五万元以上五十万元以下的罚款；情节严重的，责令停业整顿，并处五十万元以上二百万元以下的罚款。

第八十四条 电子商务平台经营者违反本法第四十二条、第四十五条规定，对平台内经营者实施侵犯知识产权行为未依法采取必要措施的，由有关知识产权行政部门责令限期改正；逾期不改正的，处五万元以上五十万元以下的罚款；情节严重的，处五十万元以上二百万元以下的罚款。

第八十五条 电子商务经营者违反本法规定，销售的商品或者提供的服务不符合保障人身、财产安全的要求，实施虚假或者引人误解的商业宣传等不正当竞争行为，滥用市场支配地位，或者实施侵犯知识产权、侵害消费者权益等行为的，依照有关法律的规定处罚。

第八十六条 电子商务经营者有本法规定的违法行为的，依照有关法律、行政法规的规定记入信用档案，并予以公示。

第八十七条 依法负有电子商务监督管理职责的部门的工作人员，玩忽职守、滥用职权、徇私舞弊，或者泄露、出售或者非法向他人提供在履行职责中所知悉的个人信息、隐私和商业秘密的，依法追究法律责任。

第八十八条　违反本法规定，构成违反治安管理行为的，依法给予治安管理处罚；构成犯罪的，依法追究刑事责任。

第七章　附　则

第八十九条　本法自2019年1月1日起施行。

中华人民共和国网络安全法

（2016年11月7日第十二届全国人民代表大会常务委员会第二十四次会议通过　2016年11月7日中华人民共和国主席令第53号公布　自2017年6月1日起施行）

第一章　总　则

第一条　为了保障网络安全，维护网络空间主权和国家安全、社会公共利益，保护公民、法人和其他组织的合法权益，促进经济社会信息化健康发展，制定本法。

第二条　在中华人民共和国境内建设、运营、维护和使用网络，以及网络安全的监督管理，适用本法。

第三条　国家坚持网络安全与信息化发展并重，遵循积极利用、科学发展、依法管理、确保安全的方针，推进网络基础设施建设和互联互通，鼓励网络技术创新和应用，支持培养网络安全人才，建立健全网络安全保障体系，提高网络安全保护能力。

第四条 国家制定并不断完善网络安全战略，明确保障网络安全的基本要求和主要目标，提出重点领域的网络安全政策、工作任务和措施。

第五条 国家采取措施，监测、防御、处置来源于中华人民共和国境内外的网络安全风险和威胁，保护关键信息基础设施免受攻击、侵入、干扰和破坏，依法惩治网络违法犯罪活动，维护网络空间安全和秩序。

第六条 国家倡导诚实守信、健康文明的网络行为，推动传播社会主义核心价值观，采取措施提高全社会的网络安全意识和水平，形成全社会共同参与促进网络安全的良好环境。

第七条 国家积极开展网络空间治理、网络技术研发和标准制定、打击网络违法犯罪等方面的国际交流与合作，推动构建和平、安全、开放、合作的网络空间，建立多边、民主、透明的网络治理体系。

第八条 国家网信部门负责统筹协调网络安全工作和相关监督管理工作。国务院电信主管部门、公安部门和其他有关机关依照本法和有关法律、行政法规的规定，在各自职责范围内负责网络安全保护和监督管理工作。

县级以上地方人民政府有关部门的网络安全保护和监督管理职责，按照国家有关规定确定。

第九条 网络运营者开展经营和服务活动，必须遵守法律、行政法规，尊重社会公德，遵守商业道德，诚实信用，履行网络安全保护义务，接受政府和社会的监督，承担社会责任。

第十条 建设、运营网络或者通过网络提供服务，应当依照法律、行政法规的规定和国家标准的强制性要求，采取技术措施和其他必要措施，保障网络安全、稳定运行，有效应对网络安全事件，防范网络违法犯罪活动，维护网络数据的完整性、保密性和可用性。

第十一条 网络相关行业组织按照章程，加强行业自律，制定网络安全行为规范，指导会员加强网络安全保护，提高网络安全保护水平，促进行业健康发展。

第十二条 国家保护公民、法人和其他组织依法使用网络的权利，促进网络接入普及，提升网络服务水平，为社会提供安全、便利的网络服务，保障网络信息依法有序自由流动。

任何个人和组织使用网络应当遵守宪法法律，遵守公共秩序，尊重社会公德，不得危害网络安全，不得利用网络从事危害国家安全、荣誉和利益，煽动颠覆国家政权、推翻社会主义制度，煽动分裂国家、破坏国家统一，宣扬恐怖主义、极端主义，宣扬民族仇恨、民族歧视，传播暴力、淫秽色情信息，编造、传播虚假信息扰乱经济秩序和社会秩序，以及侵害他人名誉、隐私、知识产权和其他合法权益等活动。

第十三条 国家支持研究开发有利于未成年人健康成长的网络产品和服务，依法惩治利用网络从事危害未成年人身心健康的活动，为未成年人提供安全、健康的网络环境。

第十四条 任何个人和组织有权对危害网络安全的行为向网信、电信、公安等部门举报。收到举报的部门应当及时依法作出处理；不属于本部门职责的，应当及时移送有权处理的部门。

有关部门应当对举报人的相关信息予以保密，保护举报人的合法权益。

第二章 网络安全支持与促进

第十五条 国家建立和完善网络安全标准体系。国务院标准化行政主管部门和国务院其他有关部门根据各自的职责，组织制定并适时修订有关网络安全管理以及网络产品、服务和运行安全的国家标准、行业标准。

国家支持企业、研究机构、高等学校、网络相关行业组织参与网络安全国家标准、行业标准的制定。

第十六条 国务院和省、自治区、直辖市人民政府应当统筹规划，加大投入，扶持重点网络安全技术产业和项目，支持网络安全技术的研究开发和应用，推广安全可信的网络产品和服务，保护网络技术知识产权，支持企业、研究机构和高等学校等参与国家网络安全技术创新项目。

第十七条　国家推进网络安全社会化服务体系建设，鼓励有关企业、机构开展网络安全认证、检测和风险评估等安全服务。

第十八条　国家鼓励开发网络数据安全保护和利用技术，促进公共数据资源开放，推动技术创新和经济社会发展。

国家支持创新网络安全管理方式，运用网络新技术，提升网络安全保护水平。

第十九条　各级人民政府及其有关部门应当组织开展经常性的网络安全宣传教育，并指导、督促有关单位做好网络安全宣传教育工作。

大众传播媒介应当有针对性地面向社会进行网络安全宣传教育。

第二十条　国家支持企业和高等学校、职业学校等教育培训机构开展网络安全相关教育与培训，采取多种方式培养网络安全人才，促进网络安全人才交流。

第三章　网络运行安全

第一节　一 般 规 定

第二十一条　国家实行网络安全等级保护制度。网络运营者应当按照网络安全等级保护制度的要求，履行下列安全保护义务，保障网络免受干扰、破坏或者未经授权的访问，防止网络数据泄露或者被窃取、篡改：

（一）制定内部安全管理制度和操作规程，确定网络安全负责人，落实网络安全保护责任；

（二）采取防范计算机病毒和网络攻击、网络侵入等危害网络安全行为的技术措施；

（三）采取监测、记录网络运行状态、网络安全事件的技术措施，并按照规定留存相关的网络日志不少于六个月；

（四）采取数据分类、重要数据备份和加密等措施；

（五）法律、行政法规规定的其他义务。

第二十二条 网络产品、服务应当符合相关国家标准的强制性要求。网络产品、服务的提供者不得设置恶意程序；发现其网络产品、服务存在安全缺陷、漏洞等风险时，应当立即采取补救措施，按照规定及时告知用户并向有关主管部门报告。

网络产品、服务的提供者应当为其产品、服务持续提供安全维护；在规定或者当事人约定的期限内，不得终止提供安全维护。

网络产品、服务具有收集用户信息功能的，其提供者应当向用户明示并取得同意；涉及用户个人信息的，还应当遵守本法和有关法律、行政法规关于个人信息保护的规定。

第二十三条 网络关键设备和网络安全专用产品应当按照相关国家标准的强制性要求，由具备资格的机构安全认证合格或者安全检测符合要求后，方可销售或者提供。国家网信部门会同国务院有关部门制定、公布网络关键设备和网络安全专用产品目录，并推动安全认证和安全检测结果互认，避免重复认证、检测。

第二十四条 网络运营者为用户办理网络接入、域名注册服务，办理固定电话、移动电话等入网手续，或者为用户提供信息发布、即时通讯等服务，在与用户签订协议或者确认提供服务时，应当要求用户提供真实身份信息。用户不提供真实身份信息的，网络运营者不得为其提供相关服务。

国家实施网络可信身份战略，支持研究开发安全、方便的电子身份认证技术，推动不同电子身份认证之间的互认。

第二十五条 网络运营者应当制定网络安全事件应急预案，及时处置系统漏洞、计算机病毒、网络攻击、网络侵入等安全风险；在发生危害网络安全的事件时，立即启动应急预案，采取相应的补救措施，并按照规定向有关主管部门报告。

第二十六条 开展网络安全认证、检测、风险评估等活动，向社会发布系统漏洞、计算机病毒、网络攻击、网络侵入等网络安全信息，应当遵守国家有关规定。

第二十七条 任何个人和组织不得从事非法侵入他人网络、干扰他人网络正常功能、窃取网络数据等危害网络安全的活动；不得提供专门用于从事侵入网络、干扰网络正常功能及防护措施、窃取网络数据等危害网络安全活动的程序、工具；明知他人从事危害网络安全的活动的，不得为其提供技术支持、广告推广、支付结算等帮助。

第二十八条 网络运营者应当为公安机关、国家安全机关依法维护国家安全和侦查犯罪的活动提供技术支持和协助。

第二十九条 国家支持网络运营者之间在网络安全信息收集、分析、通报和应急处置等方面进行合作，提高网络运营者的安全保障能力。

有关行业组织建立健全本行业的网络安全保护规范和协作机制，加强对网络安全风险的分析评估，定期向会员进行风险警示，支持、协助会员应对网络安全风险。

第三十条 网信部门和有关部门在履行网络安全保护职责中获取的信息，只能用于维护网络安全的需要，不得用于其他用途。

第二节 关键信息基础设施的运行安全

第三十一条 国家对公共通信和信息服务、能源、交通、水利、金融、公共服务、电子政务等重要行业和领域，以及其他一旦遭到破坏、丧失功能或者数据泄露，可能严重危害国家安全、国计民生、公共利益的关键信息基础设施，在网络安全等级保护制度的基础上，实行重点保护。关键信息基础设施的具体范围和安全保护办法由国务院制定。

国家鼓励关键信息基础设施以外的网络运营者自愿参与关键信息基础设施保护体系。

第三十二条 按照国务院规定的职责分工，负责关键信息基础设施安全保护工作的部门分别编制并组织实施本行业、本领域的关键信息基础设施安全规划，指导和监督关键信息基础设施运行安全保护工作。

第三十三条 建设关键信息基础设施应当确保其具有支持业务稳定、持续运行的性能，并保证安全技术措施同步规划、同步建设、同步使用。

第三十四条 除本法第二十一条的规定外，关键信息基础设施的运营者还应当履行下列安全保护义务：

（一）设置专门安全管理机构和安全管理负责人，并对该负责人和关键岗位的人员进行安全背景审查；

（二）定期对从业人员进行网络安全教育、技术培训和技能考核；

（三）对重要系统和数据库进行容灾备份；

（四）制定网络安全事件应急预案，并定期进行演练；

（五）法律、行政法规规定的其他义务。

第三十五条 关键信息基础设施的运营者采购网络产品和服务，可能影响国家安全的，应当通过国家网信部门会同国务院有关部门组织的国家安全审查。

第三十六条 关键信息基础设施的运营者采购网络产品和服务，应当按照规定与提供者签订安全保密协议，明确安全和保密义务与责任。

第三十七条 关键信息基础设施的运营者在中华人民共和国境内运营中收集和产生的个人信息和重要数据应当在境内存储。因业务需要，确需向境外提供的，应当按照国家网信部门会同国务院有关部门制定的办法进行安全评估；法律、行政法规另有规定的，依照其规定。

第三十八条 关键信息基础设施的运营者应当自行或者委托网络安全服务机构对其网络的安全性和可能存在的风险每年至少进行一次检测评估，并将检测评估情况和改进措施报送相关负责关键信息基础设施安全保护工作的部门。

第三十九条 国家网信部门应当统筹协调有关部门对关键信息基础设施的安全保护采取下列措施：

（一）对关键信息基础设施的安全风险进行抽查检测，提出改进措施，必要时可以委托网络安全服务机构对网络存在的安全风险进行检测评估；

（二）定期组织关键信息基础设施的运营者进行网络安全应急演练，提高应对网络安全事件的水平和协同配合能力；

（三）促进有关部门、关键信息基础设施的运营者以及有关研究机构、网络安全服务机构等之间的网络安全信息共享；

（四）对网络安全事件的应急处置与网络功能的恢复等，提供技术支持和协助。

第四章 网络信息安全

第四十条 网络运营者应当对其收集的用户信息严格保密，并建立健全用户信息保护制度。

第四十一条 网络运营者收集、使用个人信息，应当遵循合法、正当、必要的原则，公开收集、使用规则，明示收集、使用信息的目的、方式和范围，并经被收集者同意。

网络运营者不得收集与其提供的服务无关的个人信息，不得违反法律、行政法规的规定和双方的约定收集、使用个人信息，并应当依照法律、行政法规的规定和与用户的约定，处理其保存的个人信息。

第四十二条 网络运营者不得泄露、篡改、毁损其收集的个人信息；未经被收集者同意，不得向他人提供个人信息。但是，经过处理无法识别特定个人且不能复原的除外。

网络运营者应当采取技术措施和其他必要措施，确保其收集的个人信息安全，防止信息泄露、毁损、丢失。在发生或者可能发生个人信息泄露、毁损、丢失的情况时，应当立即采取补救措施，按照规定及时告知用户并向有关主管部门报告。

第四十三条 个人发现网络运营者违反法律、行政法规的规定或者双方的约定收集、使用其个人信息的,有权要求网络运营者删除其个人信息;发现网络运营者收集、存储的其个人信息有错误的,有权要求网络运营者予以更正。网络运营者应当采取措施予以删除或者更正。

第四十四条 任何个人和组织不得窃取或者以其他非法方式获取个人信息,不得非法出售或者非法向他人提供个人信息。

第四十五条 依法负有网络安全监督管理职责的部门及其工作人员,必须对在履行职责中知悉的个人信息、隐私和商业秘密严格保密,不得泄露、出售或者非法向他人提供。

第四十六条 任何个人和组织应当对其使用网络的行为负责,不得设立用于实施诈骗,传授犯罪方法,制作或者销售违禁物品、管制物品等违法犯罪活动的网站、通讯群组,不得利用网络发布涉及实施诈骗,制作或者销售违禁物品、管制物品以及其他违法犯罪活动的信息。

第四十七条 网络运营者应当加强对其用户发布的信息的管理,发现法律、行政法规禁止发布或者传输的信息的,应当立即停止传输该信息,采取消除等处置措施,防止信息扩散,保存有关记录,并向有关主管部门报告。

第四十八条 任何个人和组织发送的电子信息、提供的应用软件,不得设置恶意程序,不得含有法律、行政法规禁止发布或者传输的信息。

电子信息发送服务提供者和应用软件下载服务提供者,应当履行安全管理义务,知道其用户有前款规定行为的,应当停止提供服务,采取消除等处置措施,保存有关记录,并向有关主管部门报告。

第四十九条 网络运营者应当建立网络信息安全投诉、举报制度,公布投诉、举报方式等信息,及时受理并处理有关网络信息安全的投诉和举报。

网络运营者对网信部门和有关部门依法实施的监督检查,应当予以配合。

第五十条 国家网信部门和有关部门依法履行网络信息安全监督管理职责,发现法律、行政法规禁止发布或者传输的信息的,应当要求网络运营者停止传输,采取消除等处置措施,保存有关记录;对来源于中华人民共和国境外的上述信息，应当通知有关机构采取技术措施和其他必要措施阻断传播。

第五章　监测预警与应急处置

第五十一条　国家建立网络安全监测预警和信息通报制度。国家网信部门应当统筹协调有关部门加强网络安全信息收集、分析和通报工作，按照规定统一发布网络安全监测预警信息。

第五十二条　负责关键信息基础设施安全保护工作的部门，应当建立健全本行业、本领域的网络安全监测预警和信息通报制度，并按照规定报送网络安全监测预警信息。

第五十三条　国家网信部门协调有关部门建立健全网络安全风险评估和应急工作机制，制定网络安全事件应急预案，并定期组织演练。

负责关键信息基础设施安全保护工作的部门应当制定本行业、本领域的网络安全事件应急预案，并定期组织演练。

网络安全事件应急预案应当按照事件发生后的危害程度、影响范围等因素对网络安全事件进行分级，并规定相应的应急处置措施。

第五十四条　网络安全事件发生的风险增大时，省级以上人民政府有关部门应当按照规定的权限和程序，并根据网络安全风险的特点和可能造成的危害，采取下列措施：

（一）要求有关部门、机构和人员及时收集、报告有关信息，加强对网络安全风险的监测；

（二）组织有关部门、机构和专业人员，对网络安全风险信息进行分析评估，预测事件发生的可能性、影响范围和危害程度；

（三）向社会发布网络安全风险预警，发布避免、减轻危害的措施。

第五十五条　发生网络安全事件，应当立即启动网络安全事件应急预案，对网络安全事件进行调查和评估，要求网络运营者采取技术措施和其他必要措施，消除安全隐患，防止危害扩大，并及时向社会发布与公众有关的警示信息。

第五十六条　省级以上人民政府有关部门在履行网络安全监督管理职责中，发现网络存在较大安全风险或者发生安全事件的，可以按照规定的权限和程序对该网络的运营者的法定代表人或者主要负责人进行约谈。网络运营者应当按照要求采取措施，进行整改，消除隐患。

第五十七条　因网络安全事件，发生突发事件或者生产安全事故的，应当依照《中华人民共和国突发事件应对法》、《中华人民共和国安全生产法》等有关法律、行政法规的规定处置。

第五十八条　因维护国家安全和社会公共秩序，处置重大突发社会安全事件的需要，经国务院决定或者批准，可以在特定区域对网络通信采取限制等临时措施。

第六章　法律责任

第五十九条　网络运营者不履行本法第二十一条、第二十五条规定的网络安全保护义务的，由有关主管部门责令改正，给予警告；拒不改正或者导致危害网络安全等后果的，处一万元以上十万元以下罚款，对直接负责的主管人员处五千元以上五万元以下罚款。

关键信息基础设施的运营者不履行本法第三十三条、第三十四条、第三十六条、第三十八条规定的网络安全保护义务的，由有关主管部门责令改正，给予警告；拒不改正或者导致危害网络安全等后果的，处十万元以上一百万元以下罚款，对直接负责的主管人员处一万元以上十万元以下罚款。

第六十条　违反本法第二十二条第一款、第二款和第四十八条第一款规定，有下列行为之一的，由有关主管部门责令改正，给予警告；拒不改正或者导致危害网络安全等后果的，处五万元以上五十万元以下罚款，对直接负责的主管人员处一万元以上十万元以下罚款：

（一）设置恶意程序的；

（二）对其产品、服务存在的安全缺陷、漏洞等风险未立即采取补救措施，或者未按照规定及时告知用户并向有关主管部门报告的；

（三）擅自终止为其产品、服务提供安全维护的。

第六十一条　网络运营者违反本法第二十四条第一款规定，未要求用户提供真实身份信息，或者对不提供真实身份信息的用户提供相关服务的，由有关主管部门责令改正；拒不改正或者情节严重的，处五万元以上五十万元以下罚款，并可以由有关主管部门责令暂停相关业务、停业整顿、关闭网站、吊销相关业务许可证或者吊销营业执照，对直接负责的主管人员和其他直接责任人员处一万元以上十万元以下罚款。

第六十二条　违反本法第二十六条规定，开展网络安全认证、检测、风险评估等活动，或者向社会发布系统漏洞、计算机病毒、网络攻击、网络侵入等网络安全信息的，由有关主管部门责令改正，给予警告；拒不改正或者情节严重的，处一万元以上十万元以下罚款，并可以由有关主管部门责令暂停相关业务、停业整顿、关闭网站、吊销相关业务许可证或者吊销营业执照，对直接负责的主管人员和其他直接责任人员处五千元以上五万元以下罚款。

第六十三条　违反本法第二十七条规定，从事危害网络安全的活动，或者提供专门用于从事危害网络安全活动的程序、工具，或者为他人从事危害网络安全的活动提供技术支持、广告推广、支付结算等帮助，尚不构成犯罪的，由公安机关没收违法所得，处五日以下拘留，可以并处五万元以上五十万元以下罚款；情节较重的，处五日以上十五日以下拘留，可以并处十万元以上一百万元以下罚款。

单位有前款行为的，由公安机关没收违法所得，处十万元以上一百万元以下罚款，并对直接负责的主管人员和其他直接责任人员依照前款规定处罚。

违反本法第二十七条规定，受到治安管理处罚的人员，五年内不得从事网络安全管理和网络运营关键岗位的工作；受到刑事处罚的人员，终身不得从事网络安全管理和网络运营关键岗位的工作。

第六十四条 网络运营者、网络产品或者服务的提供者违反本法第二十二条第三款、第四十一条至第四十三条规定，侵害个人信息依法得到保护的权利的，由有关主管部门责令改正，可以根据情节单处或者并处警告、没收违法所得、处违法所得一倍以上十倍以下罚款，没有违法所得的，处一百万元以下罚款，对直接负责的主管人员和其他直接责任人员处一万元以上十万元以下罚款；情节严重的，并可以责令暂停相关业务、停业整顿、关闭网站、吊销相关业务许可证或者吊销营业执照。

违反本法第四十四条规定，窃取或者以其他非法方式获取、非法出售或者非法向他人提供个人信息，尚不构成犯罪的，由公安机关没收违法所得，并处违法所得一倍以上十倍以下罚款，没有违法所得的，处一百万元以下罚款。

第六十五条 关键信息基础设施的运营者违反本法第三十五条规定，使用未经安全审查或者安全审查未通过的网络产品或者服务的，由有关主管部门责令停止使用，处采购金额一倍以上十倍以下罚款；对直接负责的主管人员和其他直接责任人员处一万元以上十万元以下罚款。

第六十六条 关键信息基础设施的运营者违反本法第三十七条规定，在境外存储网络数据，或者向境外提供网络数据的，由有关主管部门责令改正，给予警告，没收违法所得，处五万元以上五十万元以下罚款，并可以责令暂停相关业务、停业整顿、关闭网站、吊销相关业务许可证或者吊销营业执照；对直接负责的主管人员和其他直接责任人员处一万元以上十万元以下罚款。

第六十七条 违反本法第四十六条规定，设立用于实施违法犯罪活动的网站、通讯群组，或者利用网络发布涉及实施违法犯罪活动的信息，尚不构成犯罪的，由公安机关处五日以下拘留，可以并处一万元以上十万元以下罚款；情节较重的，处五日以上十五日以下拘留，可以并处五万元以上五十万元以下罚款。关闭用于实施违法犯罪活动的网站、通讯群组。

单位有前款行为的，由公安机关处十万元以上五十万元以下罚款，并对直接负责的主管人员和其他直接责任人员依照前款规定处罚。

第六十八条　网络运营者违反本法第四十七条规定，对法律、行政法规禁止发布或者传输的信息未停止传输、采取消除等处置措施、保存有关记录的，由有关主管部门责令改正，给予警告，没收违法所得；拒不改正或者情节严重的，处十万元以上五十万元以下罚款，并可以责令暂停相关业务、停业整顿、关闭网站、吊销相关业务许可证或者吊销营业执照，对直接负责的主管人员和其他直接责任人员处一万元以上十万元以下罚款。

电子信息发送服务提供者、应用软件下载服务提供者，不履行本法第四十八条第二款规定的安全管理义务的，依照前款规定处罚。

第六十九条　网络运营者违反本法规定，有下列行为之一的，由有关主管部门责令改正；拒不改正或者情节严重的，处五万元以上五十万元以下罚款，对直接负责的主管人员和其他直接责任人员，处一万元以上十万元以下罚款：

（一）不按照有关部门的要求对法律、行政法规禁止发布或者传输的信息，采取停止传输、消除等处置措施的；

（二）拒绝、阻碍有关部门依法实施的监督检查的；

（三）拒不向公安机关、国家安全机关提供技术支持和协助的。

第七十条　发布或者传输本法第十二条第二款和其他法律、行政法规禁止发布或者传输的信息的，依照有关法律、行政法规的规定处罚。

第七十一条　有本法规定的违法行为的，依照有关法律、行政法规的规定记入信用档案，并予以公示。

第七十二条　国家机关政务网络的运营者不履行本法规定的网络安全保护义务的，由其上级机关或者有关机关责令改正；对直接负责的主管人员和其他直接责任人员依法给予处分。

第七十三条　网信部门和有关部门违反本法第三十条规定，将在履行网络安全保护职责中获取的信息用于其他用途的，对直接负责的主管人员和其他直接责任人员依法给予处分。

网信部门和有关部门的工作人员玩忽职守、滥用职权、徇私舞弊，尚不构成犯罪的，依法给予处分。

第七十四条 违反本法规定，给他人造成损害的，依法承担民事责任。

违反本法规定，构成违反治安管理行为的，依法给予治安管理处罚；构成犯罪的，依法追究刑事责任。

第七十五条 境外的机构、组织、个人从事攻击、侵入、干扰、破坏等危害中华人民共和国的关键信息基础设施的活动，造成严重后果的，依法追究法律责任；国务院公安部门和有关部门并可以决定对该机构、组织、个人采取冻结财产或者其他必要的制裁措施。

第七章 附 则

第七十六条 本法下列用语的含义：

（一）网络，是指由计算机或者其他信息终端及相关设备组成的按照一定的规则和程序对信息进行收集、存储、传输、交换、处理的系统。

（二）网络安全，是指通过采取必要措施，防范对网络的攻击、侵入、干扰、破坏和非法使用以及意外事故，使网络处于稳定可靠运行的状态，以及保障网络数据的完整性、保密性、可用性的能力。

（三）网络运营者，是指网络的所有者、管理者和网络服务提供者。

（四）网络数据，是指通过网络收集、存储、传输、处理和产生的各种电子数据。

（五）个人信息，是指以电子或者其他方式记录的能够单独或者与其他信息结合识别自然人个人身份的各种信息，包括但不限于自然人的姓名、出生日期、身份证件号码、个人生物识别信息、住址、电话号码等。

第七十七条 存储、处理涉及国家秘密信息的网络的运行安全保护，除应当遵守本法外，还应当遵守保密法律、行政法规的规定。

第七十八条 军事网络的安全保护,由中央军事委员会另行规定。

第七十九条 本法自2017年6月1日起施行。

中华人民共和国
消费者权益保护法

(1993年10月31日第八届全国人民代表大会常务委员会第四次会议通过 根据2009年8月27日第十一届全国人民代表大会常务委员会第十次会议《关于修改部分法律的决定》第一次修正 根据2013年10月25日第十二届全国人民代表大会常务委员会第五次会议《关于修改〈中华人民共和国消费者权益保护法〉的决定》第二次修正)

第一章 总 则

第一条 为保护消费者的合法权益,维护社会经济秩序,促进社会主义市场经济健康发展,制定本法。

第二条 消费者为生活消费需要购买、使用商品或者接受服务,其权益受本法保护;本法未作规定的,受其他有关法律、法规保护。

第三条 经营者为消费者提供其生产、销售的商品或者提供服务,应当遵守本法;本法未作规定的,应当遵守其他有关法律、法规。

第四条 经营者与消费者进行交易,应当遵循自愿、平等、公平、诚实信用的原则。

第五条 国家保护消费者的合法权益不受侵害。

国家采取措施,保障消费者依法行使权利,维护消费者的合法权益。

国家倡导文明、健康、节约资源和保护环境的消费方式,反对浪费。

第六条 保护消费者的合法权益是全社会的共同责任。

国家鼓励、支持一切组织和个人对损害消费者合法权益的行为进行社会监督。

大众传播媒介应当做好维护消费者合法权益的宣传,对损害消费者合法权益的行为进行舆论监督。

第二章 消费者的权利

第七条 消费者在购买、使用商品和接受服务时享有人身、财产安全不受损害的权利。

消费者有权要求经营者提供的商品和服务,符合保障人身、财产安全的要求。

第八条 消费者享有知悉其购买、使用的商品或者接受的服务的真实情况的权利。

消费者有权根据商品或者服务的不同情况,要求经营者提供商品的价格、产地、生产者、用途、性能、规格、等级、主要成份、生产日期、有效期限、检验合格证明、使用方法说明书、售后服务,或者服务的内容、规格、费用等有关情况。

第九条 消费者享有自主选择商品或者服务的权利。

消费者有权自主选择提供商品或者服务的经营者,自主选择商品品种或者服务方式,自主决定购买或者不购买任何一种商品、接受或者不接受任何一项服务。

消费者在自主选择商品或者服务时,有权进行比较、鉴别和挑选。

第十条 消费者享有公平交易的权利。

消费者在购买商品或者接受服务时，有权获得质量保障、价格合理、计量正确等公平交易条件，有权拒绝经营者的强制交易行为。

第十一条 消费者因购买、使用商品或者接受服务受到人身、财产损害的，享有依法获得赔偿的权利。

第十二条 消费者享有依法成立维护自身合法权益的社会组织的权利。

第十三条 消费者享有获得有关消费和消费者权益保护方面的知识的权利。

消费者应当努力掌握所需商品或者服务的知识和使用技能，正确使用商品，提高自我保护意识。

第十四条 消费者在购买、使用商品和接受服务时，享有人格尊严、民族风俗习惯得到尊重的权利，享有个人信息依法得到保护的权利。

第十五条 消费者享有对商品和服务以及保护消费者权益工作进行监督的权利。

消费者有权检举、控告侵害消费者权益的行为和国家机关及其工作人员在保护消费者权益工作中的违法失职行为，有权对保护消费者权益工作提出批评、建议。

第三章 经营者的义务

第十六条 经营者向消费者提供商品或者服务，应当依照本法和其他有关法律、法规的规定履行义务。

经营者和消费者有约定的，应当按照约定履行义务，但双方的约定不得违背法律、法规的规定。

经营者向消费者提供商品或者服务，应当恪守社会公德，诚信经营，保障消费者的合法权益；不得设定不公平、不合理的交易条件，不得强制交易。

第十七条 经营者应当听取消费者对其提供的商品或者服务的意见，接受消费者的监督。

第十八条 经营者应当保证其提供的商品或者服务符合保障人身、财产安全的要求。对可能危及人身、财产安全的商品和服务，应当向消费者作出真实的说明和明确的警示，并说明和标明正确使用商品或者接受服务的方法以及防止危害发生的方法。

宾馆、商场、餐馆、银行、机场、车站、港口、影剧院等经营场所的经营者，应当对消费者尽到安全保障义务。

第十九条 经营者发现其提供的商品或者服务存在缺陷，有危及人身、财产安全危险的，应当立即向有关行政部门报告和告知消费者，并采取停止销售、警示、召回、无害化处理、销毁、停止生产或者服务等措施。采取召回措施的，经营者应当承担消费者因商品被召回支出的必要费用。

第二十条 经营者向消费者提供有关商品或者服务的质量、性能、用途、有效期限等信息，应当真实、全面，不得作虚假或者引人误解的宣传。

经营者对消费者就其提供的商品或者服务的质量和使用方法等问题提出的询问，应当作出真实、明确的答复。

经营者提供商品或者服务应当明码标价。

第二十一条 经营者应当标明其真实名称和标记。

租赁他人柜台或者场地的经营者，应当标明其真实名称和标记。

第二十二条 经营者提供商品或者服务，应当按照国家有关规定或者商业惯例向消费者出具发票等购货凭证或者服务单据；消费者索要发票等购货凭证或者服务单据的，经营者必须出具。

第二十三条 经营者应当保证在正常使用商品或者接受服务的情况下其提供的商品或者服务应当具有的质量、性能、用途和有效期限；但消费者在购买该商品或者接受该服务前已经知道其存在瑕疵，且存在该瑕疵不违反法律强制性规定的除外。

经营者以广告、产品说明、实物样品或者其他方式表明商品或者服务的质量状况的,应当保证其提供的商品或者服务的实际质量与表明的质量状况相符。

经营者提供的机动车、计算机、电视机、电冰箱、空调器、洗衣机等耐用商品或者装饰装修等服务,消费者自接受商品或者服务之日起六个月内发现瑕疵,发生争议的,由经营者承担有关瑕疵的举证责任。

第二十四条 经营者提供的商品或者服务不符合质量要求的,消费者可以依照国家规定、当事人约定退货,或者要求经营者履行更换、修理等义务。没有国家规定和当事人约定的,消费者可以自收到商品之日起七日内退货;七日后符合法定解除合同条件的,消费者可以及时退货,不符合法定解除合同条件的,可以要求经营者履行更换、修理等义务。

依照前款规定进行退货、更换、修理的,经营者应当承担运输等必要费用。

第二十五条 经营者采用网络、电视、电话、邮购等方式销售商品,消费者有权自收到商品之日起七日内退货,且无需说明理由,但下列商品除外:

(一)消费者定作的;

(二)鲜活易腐的;

(三)在线下载或者消费者拆封的音像制品、计算机软件等数字化商品;

(四)交付的报纸、期刊。

除前款所列商品外,其他根据商品性质并经消费者在购买时确认不宜退货的商品,不适用无理由退货。

消费者退货的商品应当完好。经营者应当自收到退回商品之日起七日内返还消费者支付的商品价款。退回商品的运费由消费者承担;经营者和消费者另有约定的,按照约定。

第二十六条 经营者在经营活动中使用格式条款的,应当以显著方式提请消费者注意商品或者服务的数量和质量、价款或者费用、履行期限和方式、安全注意事项和风险警示、售后服务、民事责任等与消费者有重大利害关系的内容,并按照消费者的要求予以说明。

经营者不得以格式条款、通知、声明、店堂告示等方式，作出排除或者限制消费者权利、减轻或者免除经营者责任、加重消费者责任等对消费者不公平、不合理的规定，不得利用格式条款并借助技术手段强制交易。

格式条款、通知、声明、店堂告示等含有前款所列内容的，其内容无效。

第二十七条　经营者不得对消费者进行侮辱、诽谤，不得搜查消费者的身体及其携带的物品，不得侵犯消费者的人身自由。

第二十八条　采用网络、电视、电话、邮购等方式提供商品或者服务的经营者，以及提供证券、保险、银行等金融服务的经营者，应当向消费者提供经营地址、联系方式、商品或者服务的数量和质量、价款或者费用、履行期限和方式、安全注意事项和风险警示、售后服务、民事责任等信息。

第二十九条　经营者收集、使用消费者个人信息，应当遵循合法、正当、必要的原则，明示收集、使用信息的目的、方式和范围，并经消费者同意。经营者收集、使用消费者个人信息，应当公开其收集、使用规则，不得违反法律、法规的规定和双方的约定收集、使用信息。

经营者及其工作人员对收集的消费者个人信息必须严格保密，不得泄露、出售或者非法向他人提供。经营者应当采取技术措施和其他必要措施，确保信息安全，防止消费者个人信息泄露、丢失。在发生或者可能发生信息泄露、丢失的情况时，应当立即采取补救措施。

经营者未经消费者同意或者请求，或者消费者明确表示拒绝的，不得向其发送商业性信息。

第四章　国家对消费者合法权益的保护

第三十条　国家制定有关消费者权益的法律、法规、规章和强制性标准，应当听取消费者和消费者协会等组织的意见。

第三十一条　各级人民政府应当加强领导，组织、协调、督促有关行政部门做好保护消费者合法权益的工作，落实保护消费者合法权益的职责。

各级人民政府应当加强监督，预防危害消费者人身、财产安全行为的发生，及时制止危害消费者人身、财产安全的行为。

第三十二条 各级人民政府工商行政管理部门和其他有关行政部门应当依照法律、法规的规定，在各自的职责范围内，采取措施，保护消费者的合法权益。

有关行政部门应当听取消费者和消费者协会等组织对经营者交易行为、商品和服务质量问题的意见，及时调查处理。

第三十三条 有关行政部门在各自的职责范围内，应当定期或者不定期对经营者提供的商品和服务进行抽查检验，并及时向社会公布抽查检验结果。

有关行政部门发现并认定经营者提供的商品或者服务存在缺陷，有危及人身、财产安全危险的，应当立即责令经营者采取停止销售、警示、召回、无害化处理、销毁、停止生产或者服务等措施。

第三十四条 有关国家机关应当依照法律、法规的规定，惩处经营者在提供商品和服务中侵害消费者合法权益的违法犯罪行为。

第三十五条 人民法院应当采取措施，方便消费者提起诉讼。对符合《中华人民共和国民事诉讼法》起诉条件的消费者权益争议，必须受理，及时审理。

第五章 消费者组织

第三十六条 消费者协会和其他消费者组织是依法成立的对商品和服务进行社会监督的保护消费者合法权益的社会组织。

第三十七条 消费者协会履行下列公益性职责：

（一）向消费者提供消费信息和咨询服务，提高消费者维护自身合法权益的能力，引导文明、健康、节约资源和保护环境的消费方式；

（二）参与制定有关消费者权益的法律、法规、规章和强制性标准；

（三）参与有关行政部门对商品和服务的监督、检查；

（四）就有关消费者合法权益的问题，向有关部门反映、查询，提出建议；

（五）受理消费者的投诉，并对投诉事项进行调查、调解；

（六）投诉事项涉及商品和服务质量问题的，可以委托具备资格的鉴定人鉴定，鉴定人应当告知鉴定意见；

（七）就损害消费者合法权益的行为，支持受损害的消费者提起诉讼或者依照本法提起诉讼；

（八）对损害消费者合法权益的行为，通过大众传播媒介予以揭露、批评。

各级人民政府对消费者协会履行职责应当予以必要的经费等支持。

消费者协会应当认真履行保护消费者合法权益的职责，听取消费者的意见和建议，接受社会监督。

依法成立的其他消费者组织依照法律、法规及其章程的规定，开展保护消费者合法权益的活动。

第三十八条　消费者组织不得从事商品经营和营利性服务，不得以收取费用或者其他牟取利益的方式向消费者推荐商品和服务。

第六章　争议的解决

第三十九条　消费者和经营者发生消费者权益争议的，可以通过下列途径解决：

（一）与经营者协商和解；

（二）请求消费者协会或者依法成立的其他调解组织调解；

（三）向有关行政部门投诉；

（四）根据与经营者达成的仲裁协议提请仲裁机构仲裁；

（五）向人民法院提起诉讼。

第四十条　消费者在购买、使用商品时，其合法权益受到损害的，可以向销售者要求赔偿。销售者赔偿后,属于生产者的责任或者属于向销售者提供商品的其他销售者的责任的,销售者有权向生产者或者其他销售者追偿。

消费者或者其他受害人因商品缺陷造成人身、财产损害的,可以向销售者要求赔偿,也可以向生产者要求赔偿。属于生产者责任的,销售者赔偿后,有权向生产者追偿。属于销售者责任的,生产者赔偿后,有权向销售者追偿。

消费者在接受服务时,其合法权益受到损害的,可以向服务者要求赔偿。

第四十一条 消费者在购买、使用商品或者接受服务时,其合法权益受到损害,因原企业分立、合并的,可以向变更后承受其权利义务的企业要求赔偿。

第四十二条 使用他人营业执照的违法经营者提供商品或者服务,损害消费者合法权益的,消费者可以向其要求赔偿,也可以向营业执照的持有人要求赔偿。

第四十三条 消费者在展销会、租赁柜台购买商品或者接受服务,其合法权益受到损害的,可以向销售者或者服务者要求赔偿。展销会结束或者柜台租赁期满后,也可以向展销会的举办者、柜台的出租者要求赔偿。展销会的举办者、柜台的出租者赔偿后,有权向销售者或者服务者追偿。

第四十四条 消费者通过网络交易平台购买商品或者接受服务,其合法权益受到损害的,可以向销售者或者服务者要求赔偿。网络交易平台提供者不能提供销售者或者服务者的真实名称、地址和有效联系方式的,消费者也可以向网络交易平台提供者要求赔偿;网络交易平台提供者作出更有利于消费者的承诺的,应当履行承诺。网络交易平台提供者赔偿后,有权向销售者或者服务者追偿。

网络交易平台提供者明知或者应知销售者或者服务者利用其平台侵害消费者合法权益,未采取必要措施的,依法与该销售者或者服务者承担连带责任。

第四十五条 消费者因经营者利用虚假广告或者其他虚假宣传方式提供商品或者服务,其合法权益受到损害的,可以向经营者要求赔偿。广告经营者、发布者发布虚假广告的,消费者可以请求行政主管部门予以惩处。广告经营者、发布者不能提供经营者的真实名称、地址和有效联系方式的,应当承担赔偿责任。

广告经营者、发布者设计、制作、发布关系消费者生命健康商品或者服务的虚假广告,造成消费者损害的,应当与提供该商品或者服务的经营者承担连带责任。

社会团体或者其他组织、个人在关系消费者生命健康商品或者服务的虚假广告或者其他虚假宣传中向消费者推荐商品或者服务,造成消费者损害的,应当与提供该商品或者服务的经营者承担连带责任。

第四十六条 消费者向有关行政部门投诉的,该部门应当自收到投诉之日起七个工作日内,予以处理并告知消费者。

第四十七条 对侵害众多消费者合法权益的行为,中国消费者协会以及在省、自治区、直辖市设立的消费者协会,可以向人民法院提起诉讼。

第七章 法律责任

第四十八条 经营者提供商品或者服务有下列情形之一的,除本法另有规定外,应当依照其他有关法律、法规的规定,承担民事责任:

(一)商品或者服务存在缺陷的;

(二)不具备商品应当具备的使用性能而出售时未作说明的;

(三)不符合在商品或者其包装上注明采用的商品标准的;

(四)不符合商品说明、实物样品等方式表明的质量状况的;

(五)生产国家明令淘汰的商品或者销售失效、变质的商品的;

(六)销售的商品数量不足的;

（七）服务的内容和费用违反约定的；

（八）对消费者提出的修理、重作、更换、退货、补足商品数量、退还货款和服务费用或者赔偿损失的要求，故意拖延或者无理拒绝的；

（九）法律、法规规定的其他损害消费者权益的情形。

经营者对消费者未尽到安全保障义务，造成消费者损害的，应当承担侵权责任。

第四十九条　经营者提供商品或者服务，造成消费者或者其他受害人人身伤害的，应当赔偿医疗费、护理费、交通费等为治疗和康复支出的合理费用，以及因误工减少的收入。造成残疾的，还应当赔偿残疾生活辅助具费和残疾赔偿金。造成死亡的，还应当赔偿丧葬费和死亡赔偿金。

第五十条　经营者侵害消费者的人格尊严、侵犯消费者人身自由或者侵害消费者个人信息依法得到保护的权利的，应当停止侵害、恢复名誉、消除影响、赔礼道歉，并赔偿损失。

第五十一条　经营者有侮辱诽谤、搜查身体、侵犯人身自由等侵害消费者或者其他受害人人身权益的行为，造成严重精神损害的，受害人可以要求精神损害赔偿。

第五十二条　经营者提供商品或者服务，造成消费者财产损害的，应当依照法律规定或者当事人约定承担修理、重作、更换、退货、补足商品数量、退还货款和服务费用或者赔偿损失等民事责任。

第五十三条　经营者以预收款方式提供商品或者服务的，应当按照约定提供。未按照约定提供的，应当按照消费者的要求履行约定或者退回预付款；并应当承担预付款的利息、消费者必须支付的合理费用。

第五十四条　依法经有关行政部门认定为不合格的商品，消费者要求退货的，经营者应当负责退货。

第五十五条　经营者提供商品或者服务有欺诈行为的，应当按照消费者的要求增加赔偿其受到的损失，增加赔偿的金额为消费者购买商品的价款或者接受服务的费用的三倍；增加赔偿的金额不足五百元的，为五百元。

法律另有规定的，依照其规定。

经营者明知商品或者服务存在缺陷，仍然向消费者提供，造成消费者或者其他受害人死亡或者健康严重损害的，受害人有权要求经营者依照本法第四十九条、第五十一条等法律规定赔偿损失，并有权要求所受损失二倍以下的惩罚性赔偿。

第五十六条　经营者有下列情形之一，除承担相应的民事责任外，其他有关法律、法规对处罚机关和处罚方式有规定的，依照法律、法规的规定执行；法律、法规未作规定的，由工商行政管理部门或者其他有关行政部门责令改正，可以根据情节单处或者并处警告、没收违法所得、处以违法所得一倍以上十倍以下的罚款，没有违法所得的，处以五十万元以下的罚款；情节严重的，责令停业整顿、吊销营业执照：

（一）提供的商品或者服务不符合保障人身、财产安全要求的；

（二）在商品中掺杂、掺假，以假充真，以次充好，或者以不合格商品冒充合格商品的；

（三）生产国家明令淘汰的商品或者销售失效、变质的商品的；

（四）伪造商品的产地，伪造或者冒用他人的厂名、厂址，篡改生产日期，伪造或者冒用认证标志等质量标志的；

（五）销售的商品应当检验、检疫而未检验、检疫或者伪造检验、检疫结果的；

（六）对商品或者服务作虚假或者引人误解的宣传的；

（七）拒绝或者拖延有关行政部门责令对缺陷商品或者服务采取停止销售、警示、召回、无害化处理、销毁、停止生产或者服务等措施的；

（八）对消费者提出的修理、重作、更换、退货、补足商品数量、退还货款和服务费用或者赔偿损失的要求，故意拖延或者无理拒绝的；

（九）侵害消费者人格尊严、侵犯消费者人身自由或者侵害消费者个人信息依法得到保护的权利的；

（十）法律、法规规定的对损害消费者权益应当予以处罚的其他情形。

经营者有前款规定情形的，除依照法律、法规规定予以处罚外，处罚机关应当记入信用档案，向社会公布。

第五十七条 经营者违反本法规定提供商品或者服务，侵害消费者合法权益，构成犯罪的，依法追究刑事责任。

第五十八条 经营者违反本法规定，应当承担民事赔偿责任和缴纳罚款、罚金，其财产不足以同时支付的，先承担民事赔偿责任。

第五十九条 经营者对行政处罚决定不服的，可以依法申请行政复议或者提起行政诉讼。

第六十条 以暴力、威胁等方法阻碍有关行政部门工作人员依法执行职务的，依法追究刑事责任；拒绝、阻碍有关行政部门工作人员依法执行职务，未使用暴力、威胁方法的，由公安机关依照《中华人民共和国治安管理处罚法》的规定处罚。

第六十一条 国家机关工作人员玩忽职守或者包庇经营者侵害消费者合法权益的行为的，由其所在单位或者上级机关给予行政处分；情节严重，构成犯罪的，依法追究刑事责任。

第八章 附 则

第六十二条 农民购买、使用直接用于农业生产的生产资料，参照本法执行。

第六十三条 本法自 1994 年 1 月 1 日起施行。

全国人民代表大会常务委员会关于加强网络信息保护的决定

（2012年12月28日第十一届全国人民代表大会常务委员会第三十次会议通过）

为了保护网络信息安全，保障公民、法人和其他组织的合法权益，维护国家安全和社会公共利益，特作如下决定：

一、国家保护能够识别公民个人身份和涉及公民个人隐私的电子信息。

任何组织和个人不得窃取或者以其他非法方式获取公民个人电子信息，不得出售或者非法向他人提供公民个人电子信息。

二、网络服务提供者和其他企业事业单位在业务活动中收集、使用公民个人电子信息，应当遵循合法、正当、必要的原则，明示收集、使用信息的目的、方式和范围，并经被收集者同意，不得违反法律、法规的规定和双方的约定收集、使用信息。

网络服务提供者和其他企业事业单位收集、使用公民个人电子信息，应当公开其收集、使用规则。

三、网络服务提供者和其他企业事业单位及其工作人员对在业务活动中收集的公民个人电子信息必须严格保密，不得泄露、篡改、毁损，不得出售或者非法向他人提供。

四、网络服务提供者和其他企业事业单位应当采取技术措施和其他必要措施，确保信息安全，防止在业务活动中收集的公民个人电子信息泄露、毁损、丢失。在发生或者可能发生信息泄露、毁损、丢失的情况时，应当立即采取补救措施。

五、网络服务提供者应当加强对其用户发布的信息的管理，发现法律、法规禁止发布或者传输的信息的，应当立即停止传输该信息，采取消除等处置措施，保存有关记录，并向有关主管部门报告。

六、网络服务提供者为用户办理网站接入服务，办理固定电话、移动电话等入网手续，或者为用户提供信息发布服务，应当在与用户签订协议或者确认提供服务时，要求用户提供真实身份信息。

七、任何组织和个人未经电子信息接收者同意或者请求，或者电子信息接收者明确表示拒绝的，不得向其固定电话、移动电话或者个人电子邮箱发送商业性电子信息。

八、公民发现泄露个人身份、散布个人隐私等侵害其合法权益的网络信息，或者受到商业性电子信息侵扰的，有权要求网络服务提供者删除有关信息或者采取其他必要措施予以制止。

九、任何组织和个人对窃取或者以其他非法方式获取、出售或者非法向他人提供公民个人电子信息的违法犯罪行为以及其他网络信息违法犯罪行为，有权向有关主管部门举报、控告；接到举报、控告的部门应当依法及时处理。被侵权人可以依法提起诉讼。

十、有关主管部门应当在各自职权范围内依法履行职责，采取技术措施和其他必要措施，防范、制止和查处窃取或者以其他非法方式获取、出售或者非法向他人提供公民个人电子信息的违法犯罪行为以及其他网络信息违法犯罪行为。有关主管部门依法履行职责时，网络服务提供者应当予以配合，提供技术支持。

国家机关及其工作人员对在履行职责中知悉的公民个人电子信息应当予以保密，不得泄露、篡改、毁损，不得出售或者非法向他人提供。

十一、对有违反本决定行为的，依法给予警告、罚款、没收违法所得、吊销许可证或者取消备案、关闭网站、禁止有关责任人员从事网络服务业务等处罚，记入社会信用档案并予以公布；构成违反治安管理行为的，依法给予治安管理处罚。构成犯罪的，依法追究刑事责任。侵害他人民事权益的，依法承担民事责任。

十二、本决定自公布之日起施行。

最高人民法院、最高人民检察院关于办理侵犯公民个人信息刑事案件适用法律若干问题的解释

（2017年3月20日最高人民法院审判委员会第1712次会议、2017年4月26日最高人民检察院第十二届检察委员会第63次会议通过　2017年5月8日公布　法释〔2017〕10号　自2017年6月1日起施行）

为依法惩治侵犯公民个人信息犯罪活动，保护公民个人信息安全和合法权益，根据《中华人民共和国刑法》《中华人民共和国刑事诉讼法》的有关规定，现就办理此类刑事案件适用法律的若干问题解释如下：

第一条　刑法第二百五十三条之一规定的“公民个人信息”，是指以电子或者其他方式记录的能够单独或者与其他信息结合识别特定自然人身份或者反映特定自然人活动情况的各种信息，包括姓名、身份证件号码、通信通讯联系方式、住址、账号密码、财产状况、行踪轨迹等。

第二条　违反法律、行政法规、部门规章有关公民个人信息保护的规定

的，应当认定为刑法第二百五十三条之一规定的“违反国家有关规定”。

第三条 向特定人提供公民个人信息，以及通过信息网络或者其他途径发布公民个人信息的，应当认定为刑法第二百五十三条之一规定的“提供公民个人信息”。

未经被收集者同意，将合法收集的公民个人信息向他人提供的，属于刑法第二百五十三条之一规定的“提供公民个人信息”，但是经过处理无法识别特定个人且不能复原的除外。

第四条 违反国家有关规定，通过购买、收受、交换等方式获取公民个人信息，或者在履行职责、提供服务过程中收集公民个人信息的，属于刑法第二百五十三条之一第三款规定的“以其他方法非法获取公民个人信息”。

第五条 非法获取、出售或者提供公民个人信息，具有下列情形之一的，应当认定为刑法第二百五十三条之一规定的“情节严重”：

（一）出售或者提供行踪轨迹信息，被他人用于犯罪的；

（二）知道或者应当知道他人利用公民个人信息实施犯罪，向其出售或者提供的；

（三）非法获取、出售或者提供行踪轨迹信息、通信内容、征信信息、财产信息五十条以上的；

（四）非法获取、出售或者提供住宿信息、通信记录、健康生理信息、交易信息等其他可能影响人身、财产安全的公民个人信息五百条以上的；

（五）非法获取、出售或者提供第三项、第四项规定以外的公民个人信息五千条以上的；

（六）数量未达到第三项至第五项规定标准，但是按相应比例合计达到有关数量标准的；

（七）违法所得五千元以上的；

（八）将在履行职责或者提供服务过程中获得的公民个人信息出售或者提供给他人，数量或者数额达到第三项至第七项规定标准一半以上的；

（九）曾因侵犯公民个人信息受过刑事处罚或者二年内受过行政处罚，

又非法获取、出售或者提供公民个人信息的；

（十）其他情节严重的情形。

实施前款规定的行为，具有下列情形之一的，应当认定为刑法第二百五十三条之一第一款规定的“情节特别严重”：

（一）造成被害人死亡、重伤、精神失常或者被绑架等严重后果的；

（二）造成重大经济损失或者恶劣社会影响的；

（三）数量或者数额达到前款第三项至第八项规定标准十倍以上的；

（四）其他情节特别严重的情形。

第六条　为合法经营活动而非法购买、收受本解释第五条第一款第三项、第四项规定以外的公民个人信息，具有下列情形之一的，应当认定为刑法第二百五十三条之一规定的“情节严重”：

（一）利用非法购买、收受的公民个人信息获利五万元以上的；

（二）曾因侵犯公民个人信息受过刑事处罚或者二年内受过行政处罚，又非法购买、收受公民个人信息的；

（三）其他情节严重的情形。

实施前款规定的行为，将购买、收受的公民个人信息非法出售或者提供的，定罪量刑标准适用本解释第五条的规定。

第七条　单位犯刑法第二百五十三条之一规定之罪的，依照本解释规定的相应自然人犯罪的定罪量刑标准，对直接负责的主管人员和其他直接责任人员定罪处罚，并对单位判处罚金。

第八条　设立用于实施非法获取、出售或者提供公民个人信息违法犯罪活动的网站、通讯群组，情节严重的，应当依照刑法第二百八十七条之一的规定，以非法利用信息网络罪定罪处罚；同时构成侵犯公民个人信息罪的，依照侵犯公民个人信息罪定罪处罚。

第九条　网络服务提供者拒不履行法律、行政法规规定的信息网络安全管理义务，经监管部门责令采取改正措施而拒不改正，致使用户的公民个人信息泄露，造成严重后果的，应当依照刑法第二百八十六条之一的规定，以拒不履行信息网络安全管理义务罪定罪处罚。

第十条 实施侵犯公民个人信息犯罪,不属于“情节特别严重”,行为人系初犯,全部退赃,并确有悔罪表现的,可以认定为情节轻微,不起诉或者免予刑事处罚;确有必要判处刑罚的,应当从宽处罚。

第十一条 非法获取公民个人信息后又出售或者提供的,公民个人信息的条数不重复计算。

向不同单位或者个人分别出售、提供同一公民个人信息的,公民个人信息的条数累计计算。

对批量公民个人信息的条数,根据查获的数量直接认定,但是有证据证明信息不真实或者重复的除外。

第十二条 对于侵犯公民个人信息犯罪,应当综合考虑犯罪的危害程度、犯罪的违法所得数额以及被告人的前科情况、认罪悔罪态度等,依法判处罚金。罚金数额一般在违法所得的一倍以上五倍以下。

第十三条 本解释自 2017 年 6 月 1 日起施行。

儿童个人信息网络保护规定

(2019 年 8 月 22 日国家互联网信息办公室令第 4 号公布
自 2019 年 10 月 1 日起施行)

第一条 为了保护儿童个人信息安全,促进儿童健康成长,根据《中华人民共和国网络安全法》《中华人民共和国未成年人保护法》等法律法规,制定本规定。

第二条 本规定所称儿童,是指不满十四周岁的未成年人。

第三条 在中华人民共和国境内通过网络从事收集、存储、使用、转移、披露儿童个人信息等活动,适用本规定。

第四条 任何组织和个人不得制作、发布、传播侵害儿童个人信息安全的信息。

第五条 儿童监护人应当正确履行监护职责,教育引导儿童增强个人信息保护意识和能力,保护儿童个人信息安全。

第六条 鼓励互联网行业组织指导推动网络运营者制定儿童个人信息保护的行业规范、行为准则等,加强行业自律,履行社会责任。

第七条 网络运营者收集、存储、使用、转移、披露儿童个人信息的,应当遵循正当必要、知情同意、目的明确、安全保障、依法利用的原则。

第八条 网络运营者应当设置专门的儿童个人信息保护规则和用户协议,并指定专人负责儿童个人信息保护。

第九条 网络运营者收集、使用、转移、披露儿童个人信息的,应当以显著、清晰的方式告知儿童监护人,并应当征得儿童监护人的同意。

第十条 网络运营者征得同意时,应当同时提供拒绝选项,并明确告知以下事项:

(一)收集、存储、使用、转移、披露儿童个人信息的目的、方式和范围;

(二)儿童个人信息存储的地点、期限和到期后的处理方式;

(三)儿童个人信息的安全保障措施;

(四)拒绝的后果;

(五)投诉、举报的渠道和方式;

(六)更正、删除儿童个人信息的途径和方法;

(七)其他应当告知的事项。

前款规定的告知事项发生实质性变化的,应当再次征得儿童监护人的同意。

第十一条 网络运营者不得收集与其提供的服务无关的儿童个人信

息,不得违反法律、行政法规的规定和双方的约定收集儿童个人信息。

第十二条 网络运营者存储儿童个人信息,不得超过实现其收集、使用目的所必需的期限。

第十三条 网络运营者应当采取加密等措施存储儿童个人信息,确保信息安全。

第十四条 网络运营者使用儿童个人信息,不得违反法律、行政法规的规定和双方约定的目的、范围。因业务需要,确需超出约定的目的、范围使用的,应当再次征得儿童监护人的同意。

第十五条 网络运营者对其工作人员应当以最小授权为原则,严格设定信息访问权限,控制儿童个人信息知悉范围。工作人员访问儿童个人信息的,应当经过儿童个人信息保护负责人或者其授权的管理人员审批,记录访问情况,并采取技术措施,避免违法复制、下载儿童个人信息。

第十六条 网络运营者委托第三方处理儿童个人信息的,应当对受委托方及委托行为等进行安全评估,签署委托协议,明确双方责任、处理事项、处理期限、处理性质和目的等,委托行为不得超出授权范围。

前款规定的受委托方,应当履行以下义务:

(一)按照法律、行政法规的规定和网络运营者的要求处理儿童个人信息;

(二)协助网络运营者回应儿童监护人提出的申请;

(三)采取措施保障信息安全,并在发生儿童个人信息泄露安全事件时,及时向网络运营者反馈;

(四)委托关系解除时及时删除儿童个人信息;

(五)不得转委托;

(六)其他依法应当履行的儿童个人信息保护义务。

第十七条 网络运营者向第三方转移儿童个人信息的,应当自行或者委托第三方机构进行安全评估。

第十八条 网络运营者不得披露儿童个人信息,但法律、行政法规规定应当披露或者根据与儿童监护人的约定可以披露的除外。

第十九条　儿童或者其监护人发现网络运营者收集、存储、使用、披露的儿童个人信息有错误的,有权要求网络运营者予以更正。网络运营者应当及时采取措施予以更正。

第二十条　儿童或者其监护人要求网络运营者删除其收集、存储、使用、披露的儿童个人信息的,网络运营者应当及时采取措施予以删除,包括但不限于以下情形:

(一)网络运营者违反法律、行政法规的规定或者双方的约定收集、存储、使用、转移、披露儿童个人信息的;

(二)超出目的范围或者必要期限收集、存储、使用、转移、披露儿童个人信息的;

(三)儿童监护人撤回同意的;

(四)儿童或者其监护人通过注销等方式终止使用产品或者服务的。

第二十一条　网络运营者发现儿童个人信息发生或者可能发生泄露、毁损、丢失的,应当立即启动应急预案,采取补救措施;造成或者可能造成严重后果的,应当立即向有关主管部门报告,并将事件相关情况以邮件、信函、电话、推送通知等方式告知受影响的儿童及其监护人,难以逐一告知的,应当采取合理、有效的方式发布相关警示信息。

第二十二条　网络运营者应当对网信部门和其他有关部门依法开展的监督检查予以配合。

第二十三条　网络运营者停止运营产品或者服务的,应当立即停止收集儿童个人信息的活动,删除其持有的儿童个人信息,并将停止运营的通知及时告知儿童监护人。

第二十四条　任何组织和个人发现有违反本规定行为的,可以向网信部门和其他有关部门举报。

网信部门和其他有关部门收到相关举报的,应当依据职责及时进行处理。

第二十五条　网络运营者落实儿童个人信息安全管理责任不到位，存在较大安全风险或者发生安全事件的，由网信部门依据职责进行约谈，网络运营者应当及时采取措施进行整改，消除隐患。

第二十六条　违反本规定的，由网信部门和其他有关部门依据职责，根据《中华人民共和国网络安全法》《互联网信息服务管理办法》等相关法律法规规定处理；构成犯罪的，依法追究刑事责任。

第二十七条　违反本规定被追究法律责任的，依照有关法律、行政法规的规定记入信用档案，并予以公示。

第二十八条　通过计算机信息系统自动留存处理信息且无法识别所留存处理的信息属于儿童个人信息的，依照其他有关规定执行。

第二十九条　本规定自2019年10月1日起施行。